행복으로 이끄는
마법의 독서육아

사교육으로 지친 아이들과

부모들에게 희망을!

마법의 독서육아

초판인쇄	2017년 5월 02일
초판발행	2017년 5월 10일

지은이	성지혜
발행인	조현수
펴낸곳	도서출판 프로방스
마케팅	최관호 조원호 신성웅
표지&편집 디자인	오종국 Design CREO

ADD	경기도 고양시 일산동구 백석2동 1301-2
	넥스빌오피스텔 704호
전화	031-925-5366~7
팩스	031-925-5368
이메일	provence70@naver.com
등록번호	제2016-000126호
등록	2016년 06월 23일
ISBN	979-11-959424-9-7-03370

정가 15,800원

행복으로 이끄는
마법의 독서육아

성지혜 지음

프로방스

"행복한 아이들로 키울 수 있어 감사하다"

이 세상의 모든 부모들이 더 이상 에듀 푸어가 되지 않기를!
모든 아이들이 과도한 사교육에서 벗어나 꿈을 찾아 행복한 삶을 살길 바란다.
동화 속 마법처럼 모두가 행복한 그런 세상을 꿈꿔본다.

　　　　나는 두 아이를 낳아 키우는 동안, 교육에는 그다지 관심이 없었다. 큰 아이가 6살이 다 되어가도록 엄마로서 해준 것이 없다. 먹이고, 입히고, 씻기고, 재우고의 기본적인 것만 해주는 엄마였다. '아이들 교육은 어떻게 되겠지~' 안일하게 생각하고 있던 중, 뉴스를 접하게 되었다.

　　'초등학생 아이가 과도한 학습으로 자살했다'

　　'학업 스트레스로 중학생이 아파트에서 투신했다'

　　'영어유치원이 많은 곳에는 아동정신과가 비례해서 생긴다'

　　'과도한 사교육으로 부모들의 노후가 없다'

'홀로 외롭게 지내던 기러기 아빠가 자살했다'

남의 일로만 여겼던 뉴스기사들이, 이젠 더 이상 남의 이야기가 아니게 다가왔다. 태어나면, 누구나 학생이 되고, 누구나 공부를 해야 한다. 초등학교, 중학교, 고등학교를 거쳐 대학생이 될 때까지 긴 시간동안 공부를 해야 한다.

'그 긴 시간 동안, 어떻게 하면 아이들이 최대한 덜 힘들게, 즐겁게 공부를 할 수 있는 아이들로 만들 수 있을까?'

'아이들을 이 학원, 저 학원으로 내몰며, 힘들게 하고 싶지는 않은데...'

'과도한 사교육비로 내 노후를 준비하지 못해, 귀한 내 자식들에게 짐이 되고 싶지는 않은데... 좋은 방법은 없을까?

큰아이가 6살이 되어갈 쯤, 고민했던 것들이다. 요즘 아이들은 태어나면서부터 공부를 시작한다. 아주 아기 때부터 영어를 배우고, 학습지를 하고 조기교육을 한다. 돈 많은 엄마들은 영어유치원으로, 돈이 없는 엄마들은 영어학습지로, 동네 영어 학원으로... 안 시키면 큰일 나는 것처럼 경쟁하듯 사교육을 시킨다. 옆집 아이에게 뒤질세라 항상 정보를 얻고 부족한 것은 채워주기 위해 노력한다. 하지만 엄마가 사교육에 열성적인 아이들일수록 아이들은 시들어 가는 경우가 많은 것 같다. 지나친 학업 스트레스로 자살을 생각하기도 한다. 한참 뛰어 놀아야 할 초등학생까지 자살을 한다는 뉴스기사를 보고 나는 입을 다물지 못했다.

나 역시, 공부를 못하는 아이로 키우고 싶은 마음은 요만큼도 없다. 누구보다 훌륭하게 키우고 싶은 보통의 엄마이다. 하지만 학원 때문에 학업 스트레스를 견뎌내지 못해 내 아이가 힘들어하는 모습은 상상하고 싶지 않다.

'행복한 아이, 기꺼이 자기 인생과 꿈을 위해서 공부를 해내는 아이로 키우려면 어떻게 해야 할까?' 라는 의문을 가지고 육아서를 뒤지기 시작했다.

사교육을 시키지 않고 아이를 우수하게 키워낸 부모들의 책과 독서로 누구보다 똑똑하고 행복하게 키워낸 분들의 책을 열심히 읽었다. 읽으면 읽을수록 갈증이 시원하게 해결되었다. 모든 육아서에서 '책'이 정답이라고 말한다. 모든 자기계발서 역시 '책'이 답이라고 말한다.

학교에서의 모든 교과는 책으로 이루어져 있다. 책으로 하는 공부이므로 책을 좋아하고 즐기게 되면 공부도 자연스럽게 즐기고 어렵지 않게 되는 건 너무나 당연한데, '모두 다른 곳에서 비법을 찾고 있구나' 하는 생각이 들었다. 성공한 모든 사람들이 '독서'의 중요성을 말하는데, 굳이 다른 길로 돌아갈 필요가 없다고 생각했다. 효과 빠른 사교육보다는, 아이의 긴 인생을 위해서 천천히 가더라도 '독서 육아'를 해야겠다고 결심했다.

독서육아를 시작한 이후, 앉혀놓고 한글을 가르치지 않았어도 아이들 스스로 한글을 뗐다. 한글만큼은 아니지만, 영어도 역시 독서로 조금씩 깨우쳐 나가고 있다. 책을 읽으면서 아이들은 무궁무진한 세상을 접하고, 생각하고, 지식을 넓혀가고 있다. 주말이면 엄마, 아빠와 나들이 다니고 캠핑을 하며 여느 아이들보다 즐겁게 보내고 있다.

독서육아로 인해, 아이들이 누구보다 호기심이 많고 누구보다 의욕이 넘치는 아이들로 크고 있어 감사하다. 나는 아이들이 학교 성적, 대학 입시만을 위해 사는 우물 안 개구리가 되지 않았으면 한다. 학교 공부에만 목매는 아이들이 아니라, 많은 책을 보고 경험을 하면서 아이들의 꿈을 찾아갔으면 좋겠다. 그 꿈을 찾아가는 과정에서 공부를 기꺼이 해 내는 아이들로 컸으면 좋겠다.

독서육아로, 누구보다 행복한 아이들로 키울 수 있어 감사하다. 사교육으로 많은 돈을 들이지 않을 수 있기에, 내 노후준비도 든든하게 할 수 있어 감사하다. 엄마도 아이도 행복한 독서육아를 많은 분들과 함께 나누고 싶기에 나는 이 책을 쓴다. 이 세상의 모든 부모들이 더 이상 에듀 푸어가 되지 않기를! 모든 아이들이 과도한 사교육에서 벗어나 꿈을 찾아 행복한 삶을 살길 바란다. 동화 속 마법처럼 모두가 행복한 그런 세상을 꿈꿔본다.

2017년 4월

저자 **성지혜**

Contents | 차 례

Contents | 차 례

Chapter **01**

자기주도적 아이로 키우기

'자기주도적인 아이로 키워야지' 마음먹게 된 계기는 뉴스를 통해서였다. 헬리콥터맘이니 어쩌니 하는 뉴스와 대학을 가서도 수강신청을 못해 엄마가 대신 해주는 아이들이 늘어난다는 이야기는 정말 충격이었다. 내가 대학을 다니던 20년 전만해도 그런 대학생은 찾아볼 수 없었다. 본인이 듣고 싶은 과목이 뭔지도 몰라 엄마가 대신 수업을 골라주고 방법을 몰라 엄마가 대신 신청을 해준다니 너무 심각한 문제이다.

수강신청을 대신 해주는 게 문제가 아니다. 그런 아이들은 그 어떤 것도 스스로 할 수 있는 것이 없겠구나 생각하니, 그 아이들의 앞날이 걱정이다. 내 아이들만큼은 자기가 뭘 하고 싶은지, 뭘 해야 하는지도 모르고, 조금만 어려운 일이 생겨도 '누군가 도와주겠지' 하는 의존적인 성인으로 키우고 싶지는 않았다. 절대 그런 아이로 키우지 말자고 다짐했다.

도서관 복도에서

물고기 잡는 법을 가르쳐 주기 위해선,
작은 일이라도 스스로 시도해 볼 수 있는 절대적
시간과 기회를 줘야한다.
시간이 없는 아이들은 스스로 뭔가를
시도할 수 있는 여유가 없다.

01

스스로 계획하고 실행하고
평가하는 아이

　내 어린 시절을 보면, 학교 다녀와서 너나 할 것 없이 "학교 다녀왔습니다!" 라는 인사와 동시에 책가방을 던져놓고, 모두 나가 저녁 먹을 시간 될 때까지 동네를 여기저기 뛰어다니며 동네 친구들이랑 신나게 놀았던 기억이 난다. 지금처럼 돈 내고 운동을 다니지 않아도 그렇게 동네를 뛰어다니며 놀았기에, 어디 아픈 곳이 있지 않은 아이라면 대부분 체력이 좋았다. 지금 아이들보다 더 건강했다. 몇 시간을 그렇게 뛰어다니며 놀았는데 체력이 나쁠 리가 있겠는가. 우리 부모님도 그리고 옆집 부모님들도 초등학생 때까지는 그렇게 공부 공부하는 분위기는 아니었다. 지금 아이들처럼 매일 학원 다니고 매일 책상에 앉아있지 않더라도 시험기간에 조금만 공부를 하면 공부를 좀 한다는 소리를 듣던 너무나 행복한 시절이었다.

요즘 아이들을 보면 '우리는 참 행복한 어린 시절을 보냈구나' 하는 생각이 든다. 나는 생일이 2월 말 생이라 7살에 8살 친구들과 함께 학교 입학을 했다. 나이가 적은데다 성격도 느긋하고 더딘 탓에 처음 입학 했을 때는 친구들에 비해 많이 뒤처졌다고 한다.

아빠가 어느 날은 학교를 찾아가셨는데, 미술시간이었다고 한다. 다른 아이들 다 그림을 그려 선생님한테 내는 동안, 나는 반도 못 그리고 있었다. 결국 딸이 꼴찌로 내는 모습을 아빠는 창문 너머로 지켜보셨다고 한다. 또래보다 많이 늦는 딸의 모습을 보고 돌아가면서 아빠는 무슨 생각을 하셨을까?

학창 시절 내내 아빠는 항상 뒤에서 지지하고, 응원해 주는 분이셨다. 빨리 하라고 다그치신 적도 없고, 공부가 인생의 전부라고 닦달하신적도 단 한 번도 없었다. 남의 눈에는 방임처럼 보일지 모르지만, 심하게 어긋나는 일만 아니면, 그 안에서 모든 맘껏 해보고 스스로 해나가길 바라셨다고 한다. 그런 부모님 아래에서 자랐기에 지금껏 크게 어긋나지 않고, 건강한 성인으로 클 수 있지 않았을까 하는 생각을 해본다.

부모님으로부터 '이거해라, 저거해라' 들으며 학창시절을 보낸 적 없고, 항상 나와 동생의 의견에 귀 기울여 주시며, 하고 싶은 일이 있으면 언제든 격려하며 하게 해주셨다. 그 과정에서 나는 내가 해보고 싶은 것을 맘껏 시도해보고, 또 실패도 해보고, 포기도 숱하게 해보며 인생을 살아왔다. 나쁘게 말하면 일만 저지르고 뒤처리는 못하는 사람이고, 좋게 말하면 남들보다는 실패를 두려워하지 않는 사람이 되었다고 해야 하나?

여러 다양한 일을 시도하면서 들였던 비용과 시간을 생각하면 아깝지 않느냐고 반문하는 사람이 있을지도 모르겠다. '그래서 그중에 네가 성공한 게 뭐가 있냐' 고 따질지도 모를 일이다. 하지만 난 아직도 살아갈 날이 많다. 앞으로도 많은걸 시도해보며, 내게 가장 잘 맞고, 가장 행복함을 느끼며 잘 할 수 있는 일을 찾을 때까지 시도해 볼 생각이다. 여전히 지금도 찾아가는 과정이다. 그 안에서 많이 경험해보고, 많이 느끼고, 배운 게 있으니 가치가 없는 일들을 해왔다고 절대 생각하지 않는다.

오히려 아무것도 시도하지 않으면서, 지금 현실에 불만투성이로 사는 것 보단 백번 낫지 않을까? 20대 초반 당시 베스트셀러였던《누가 내 치즈를 옮겼을까》를 읽고 많은 생각을 하게 되었다. '지금 먹을 수 있는 치즈가 있지만, 그 치즈에 안주하지 않고 다른 치즈를 찾아 나서는 사람이 최후에 웃는 사람이 되는구나! 가다보면 썩은 치즈도 찾게 되고 성에 안차는 치즈도 찾게 되겠지만, 그렇게 포기하지 않고 찾다 보면 언젠가는 나만의 치즈를 찾게 되지 않을까?' 라는 생각을 하게 되었다.

난 내 아이들도 나처럼, 많은 걸 시도해 봤으면 좋겠다. 뭔가 하고 싶은 게 있으면 생각하고, 계획하고, 실행에 옮길 줄 아는 아이들로 말이다. 하다가 안되는 게 있으면 왜 안 되는 걸까 고민해보고, 여러 다양한 문제들을 경험해 보면서 이건 좋은 치즈일까 아닐까 스스로 판단할 수 있는 아이들로 성장하길 바란다. 최상의 치즈를 부모가 직접 아이 손에 쥐어주는 것이 아니라, 아이들 스스로 찾아갔으면 한다.

이런 저런 시도를 해보며 모르면 친구나 부모에게 조언을 구해보고, 책을 통해서 답을 스스로 찾아가는 길이 나는 맞다고 생각한다. 가는 여정 속에 절망도 해보고, 공허한 일도 있을 테고, 속상한 일 수없이 많은 시행착오들을 겪으면서 느끼는 감정들, 그리고 그 안에서 배우는 많은 것들을 과연 돈으로 살 수 있을까? 그런 것들을 부모가 다 일일이 챙겨 줄 수 있을까?

아이들은 작은일 하나라도 스스로 해봐야 한다. 이렇게도 해보고, 저렇게도 해보면서 방법을 터득하고, '아~ 이렇게 하면 더 편하구나,

이렇게 하니까 힘드네!' 스스로 판단하는 능력을 키워야 한다. 그렇게 습관이 된 아이들은, 학교 공부를 할 때도 요령을 배우기보다 스스로 공부하는 방법을 터득하며, 스스로 판단하고 실행하는 아이들이 되어 무슨 일을 함에 있어서도 적극적이고, 실패의 두려움을 모르는 아이들로 클 수 있지 않을까?

주변의 아이들을 보면 학교 갔다 와서 이 학원, 저 학원 순회하고 저녁 늦게야 들어온다. 저녁을 먹고 숙제하면 자야하고, 또 그 다음날 학교 가는 생활 속에 아이 스스로 계획하고 실행하고 판단할 시간이 있을까? 깊이 생각해 볼 일이다.

스스로 선택하고 혼자 뭔가를 할 수 있는 시간, 기회를 반드시 주어야 한다. 나중에 내 아이가 스스로 수강신청도 못하는 아이가 되지 않게 하려면, 자기 주도적으로 공부하고, 삶을 살 수 있도록 만들어 주는 것이 무엇보다 중요하다. 물고기를 잡아 줄게 아니라, 시간이 걸리더라도 물고기 잡는 법을 가르쳐줘야 부모가 없어도 내 아이들이 살아갈 수 있으니, 이건 선택이 아니고 '필수' 이다.

물고기 잡는 법을 가르쳐 주기 위해선, 작은 일이라도 스스로 시도해 볼 수 있는 절대적 시간과 기회를 줘야한다. 시간이 없는 아이들은 스스로 뭔가를 시도할 수 있는 여유가 없다. 여유롭게 뒹굴 거리는 시간 속에 스스로 종이도 접어보고, 그림도 그려보고, 택배박스로 상상 속의 작품도 만들어보고 아이 수준에 맞는 활동들을 스스로 하게 내버려 둬야 한다.

예를 들어, 아이가 택배 박스를 본 순간 '책장을 만들어볼까?' 생각을 했다면, '어떻게 만들까?' 머리로 이미지를 그리며 상상을 하게 된다. 머릿속 이미지를 떠올리며 직접 만들어보다 안되면 나름의 고민을 해가면서 방법을 찾게 된다. 그 과정에서 부모는 아이가 도움을 요청할 때 그 부분만 도와주면 된다. 어떻게 하면 더 멋있는 책장을 만들 수 있을까 같이 고민해보고 아이가 성공했을 때 칭찬만 해주면 된다. 더 빠른 방법, 더 멋지게 하는 방법을 알고 있다 하더라도 절대 먼저 나서서 알려주어선 안 된다. 스스로 터득할 수 있도록 이끌어주기만 하면 되는 것이다. 원치도 않는데 먼저 이래라 저래라 하게 되면 요령이나 방법만 배울 뿐, 아이 스스로 생각하고, 시도해보는 기회는 잃어버리게 된다. 그렇게 모든것이 엄마주도적인 삶으로 길들여진 아이들은 스스로 할 수 있는 기회를 잃어버리게 된다. 결국 물고기 잡는 법은 배우지 못하게 되는 것이나.

책장을 만들고 난후 맘에 들지 않으면 다음엔 다른 방법으로 또 다시 시도 해보고, 그런 과정이 쌓이면 누구보다 택배박스로 책장 만드는 일은 최고가 될 것이다. 하나의 일례이지만 이렇게 무엇이든 스스로 계획하고, 실행하고, 평가하고, 다시 도전하는 과정이 반복되다보면 우리 아이들은 자기주도적인 삶을 살게 되지 않을까? 거창할 것도 없고 단지 아이들이 스스로 할 시간, 스스로 할 기회를 주면 가능한 일이다. 책장 만들기 과정 속에 부모들이 원하는 소근육 발달, 창의성, 사고력 발달이 다 가능하니 굳이 비싼 돈 주고 사고력 학원 또는, 창의력 학원에 굳이 보낼 필요도 없어 일석이조이다.

그런 시간을 주자면 절대적으로 아이의 학원 수를 줄여야한다. 학원이 나쁘다고 말하는 게 절대 아니다. 최소한 하루 몇 시간이라도 아이에게 시간을 주자는 뜻이다. 물고기 잡는 법을 알려줘야 하는데 그 방법을 배울 시간이 없다는 건 말이 되지 않으니까.

02

자발적으로 즐겁게 하는 아이

자발적이란 뜻을 사전적으로 찾아보면 '남이 시키거나 요청하지 아니하여도, 자기 스스로 나아가 행하는, 또는 그런 것'이라고 풀이가 되어 있다. 나는 어려서부터 성격이 청개구리과라 그런지, 똑같은 일을 할때도 우러나서 하면 즐거운데 남이 시키면 하고 싶지 않아진다. 집안 청소를 할 때도 '내가 청소 해야겠다' 마음먹고 구석구석 정리하고 청소를 하면 기분이 좋은데, 옆에서 정리 좀 해라 마라 하면 정말 하기 싫어진다. 청소라는 자체가 하기 싫은 일이 되어 버리는 거다. 청소뿐만이 아니라 무엇이든 같은 일을 함에도 불구하고 내가 하고 싶을 때 하는 것과, 누가 시켜서 할 때와의 차이는 엄청나다. 능률은 물론 시간도, 기분도 천지차이이다.

아이들을 관찰해 보면, 시키지 않아도 본인이 하고 싶은 건 몇 시간이고 몰입하면서 즐겁게 해낸다. 작년에는 아들이 터닝메카드 카드 책을 만들었다. 정말 몇일 동안 숙제하고, 밥 먹고, 책 몇 권 읽는 시간 빼고는 열심히 카드를 프린트하고 일일이 잘라서 하나 하나 붙여 제법 멋진 책을 만들었다. 완성된 책을 친구들에게 자랑한다고 학교에 가져갔는데 반응이 대단했었나 보다. 2학년 형은 자기한테 팔라고까지 했다며 신나서 자랑을 했다. 그렇게 열심히 만드는 동안, 너무 몰입한 아들을 보고 내가 "그만하고 와서 밥 먹자, 밥은 먹고 해야지, 내일 다시 하자"고 할 정도였다. 말리지 않았다면 밤이라도 샐 기세였다. 정말 즐겁게 신나서 카드책을 만들었다. 그런데 만약 이 카드책 만들기를 억지로 시켰다면, 단 하루라도 즐거운 마음으로 신나게 해낼 수 있었을까?

누구나 본인이 하고 싶은 마음이 들 때 능률이 최고로 오른다. 나 또한 뭔가 배우고 싶고, 공부하고 싶을 때, "학원 보내주세요"라고 엄마한테 요청해서 학원에 다닐 때에는 참 열심히 공부했던 기억이 난다. 하지만 엄마가 억지로 보내준 학원에서는 친구들과 수다 떨며 시간을 때우다 돌아오곤 했다. 대학시절에는 다이어트 하려고 등록한 에어로빅 학원에서 에어로빅에 푹 빠져 강사자격증까지 딴 적도 있다. 잠이 그렇게 많은 내가 5시 반이면 일어나 6시 운동을 하고 학교를 갔고, 집에 돌아와 또 운동을 했다. 만약 누군가가 시켜서 하라고 했다면 5시 반에 일어나는 일은 불가능했을 것이다. 뭔가 하고 싶은 욕구가 많을 때는 내 안에서 엄청난 에너지가 뿜어져 나오는걸 느낀다. 열정이란 이런 것인가 보다.

하지만 하고 싶지 않은 일을 누군가 시켜서 억지로 할 때는 내 몸의 에너지가 소모되는 느낌... 직장인들 이야기를 들어보면 일요일 저녁만 되면 우울해진다는 사람들이 많다. 아이들 아빠도 일요일 저녁만 되면 소화도 잘 안되고, 답답하다고 한다. 그런데 그 다음날이 쉬는 날이면 그런 증상이 전혀 없다. 참 신기한 일이다. 만약 본인이 하고 싶은 일을 하는 사람이라면 이런 증상은 생기지 않는다. 일 하는 게 즐거워 누가 시키지 않아도 밤을 새워서라도 해내고 만다. 그래서 열심히 하는 사람은 즐기는 사람을 절대 이길 수 없다는 말이 있는 것 같다. 즐기는 사람은 지치지 않는 에너지가 넘쳐나니 너무 당연한 이야기이다.

나는 아이들 교육에 이러한 것을 최대한 반영하기로 했다. 학창 시절 우리 아이들이 공부를 피해 갈 수는 없다. 공부는 꼭 해야 한다면, 어떻게 아이들이 즐기면서 공부하게 만들 수 있을까 고민했다. 고민 끝에 '다양한 분야의 독서와 체험(놀이, 나들이, 여행)이 정답이다.' 라는 결론을 내렸다.

학교 다닐 때를 되짚어보니 수업중 아는 부분이 나오면 너무 재미있었다. 하지만 전혀 모르는 내용이 나오면 지루하고 따분하기만 할 뿐이었다. 예를 들어 아이의 학교 수업시간에 불국사에 대한 내용이 나온다고 생각해 보자. 불국사를 미리 다녀온 아이라면, '어? 저기 내가 다녀 온 곳이네, 아~ 그때 본 탑이 다보탑과 석가탑 이었구나!' 하면서 흥미를 가지고 수업을 듣게 되고, 머릿속에 수업 내용이 더 잘 들어오게 된다. 책으로, 체험으로 직간접적으로 많은 걸 접해본 아이에게 학교 수업은 온갖 재미있는 것을 알려주는 곳이 될 확률이 높다.

즐겁게 읽었던 책 내용이 엄마, 아빠 손잡고 다녔던 여행에서 보았던 것들이 교과서에 나오니 얼마나 반갑고 즐거울까? 오늘은 축복이가 입병이 나서 "학교 가지 말고, 병원 다녀와서 집에서 쉴까?" 하고 물었더니 학교 다녀와서 병원가고 싶다고 한다. 수업시간이 힘들기도 하지만 배우는 게 재미있다고 한다. 아직은 저학년이라 어려운 걸 배우는 단계가 아니어서 그런지 모르지만, 공부에 대한 스트레스를 벌써부터 받고 있는 또래 친구들하고는 많이 다르다.

7살 때 어린이집에서 받아쓰기 시험을 볼때도 축복이는 몇 개씩 틀

려오면서도 받아쓰기가 재미있다고 했다. 엄마가 받아쓰기 시키며 스트레스를 준 적이 없으니, 본인이 단어를 알아가는 것 자체가 재미있는 것 같았다. 같은 반 친구는 맨날 100점 맞으면서도, 받아쓰기 하기 싫다고 하고, 재미없다고 늘 이야기 한다고 했다. 집에서 학습지든, 엄마의 강요든 받아쓰기에 대한 스트레스가 아이를 그렇게 만들지 않았을까 싶다. 아직 초등학교를 입학도 하기 전에 공부자체가 벌써 지긋지긋한 것이 되어버리다니. 앞으로 그 아이에게 학교는 얼마나 지옥같은 곳이 될까 싶어 너무 안타까웠다.

그런데, 주변에 이런 아이들이 너무나 많다. 공부를 잘하면 좋은 대학을 가고, 좋은 직장을 갖게 되고, 더 좋은 삶을 살게 될 가능성이 높으니, 자식이 공부를 잘하길 바라는 마음은 누구나 마찬가지이다. 하지만, 똑같이 공부를 시키더라도, 잔소리 하며 억지로 시키는 것 보다는 아이가 즐겁게, 자발적으로 즐기는 아이로 키우는 게 훨씬 낫지 않을까?

공부란 아무리 머리가 좋아도 본인이 하고자 하는 의욕이 없다면 아무리 책상에 앉혀놓아도 잘할 수 없다. 머리는 보통인 아이더라도, 본인이 공부를 즐기고, 잘하고자 하는 욕구가 있는 아이라면 충분히 잘할 수 있다. 주변에만 봐도 초등학교 때는 모범생이었던 아이가 중,

고등학생이 되어서는 공부를 못하는 경우가 있고, 반대로 초등학교 때는 맨날 놀기만 하던 친구였는데 좋은 대학에 진학하는 경우도 심심찮게 볼 수 있다. 초등학교 성적은 엄마실력이고 그 이후는 본인실력이라는 말이 있다. 진짜는 중, 고등학교 때 성적이다. 머리가 어느 정도 커서는 엄마가 아무리 잔소리를 한다고 해도 부모 마음대로 안 되는 것이 바로 자식 공부이기 때문이다.

엄마 말 잘 듣고 공부 착실히 잘 하던 아이들일수록 사춘기가 심하게 온다고 하는 무서운 이야기들을 듣는다. 정말 공부해야 할 시기에 멀쩡하게 모범생이던 아이가 공부를 탁~ 놓아버리는 경우도 종종 있다고 한다. 너무 안타까운 일이다. 그런데 엄마, 아빠와 친구처럼 이야기도 많이 나누며 많은걸 함께 한 아이들은 사춘기를 무난하게 넘긴다고 한다. 현명한 엄마라면 억지로 공부하는 아이로 만들 것이 아니라, 아이와 소통하며 함께 책보고 여행도 다니며 즐겁게 공부하는 아이로 만드는 것이 더욱 중요한 것 같다.

아들 같은 반 친구의 한 엄마 역시 예체능 외에는 사교육을 시키지 않는다. 동네에서 사교육 안 시키는 몇 안 되는 엄마중 하나인데 몇개 안되는 학원도 정리해야겠다고 했다. 이유는 방과후 수업을 듣는 날 수영을 가는데 학교 다녀와서 간식 먹고, 저녁 먹으면 금방 잘 시간이라 수영 다녀오면 시간이 별로 없어서 '숙제해라, 준비물 챙겨라' 등 잔소리를 하게 된다는 것이다. 학원이나 방과 후 수업이 아무것도 없는 날은 여유롭기에 애가 하고 싶은 거 실컷 하고 책도 보고, 숙제도 하니 애와 싸울 일도 없이 너무 좋다고 한다. 그러면서 나중에 사춘기 때 잘 넘기려면 학교 수업과 운동 외에는 최대한 줄여야겠다고 마음먹었다고 했다. 그 이야기를 듣고 나는 전적으로 공감했다.

축복이도 과감하게 정말 듣고 싶은 방과후 수업 한 과목만 빼고 정리하기로 했다. 학교 다녀와서 남는 시간동안에 충분히 놀고, 숙제도 하고, 책도 봐야 아쉬운 게 없다. 많이 놀지 못한 날은 놀지 못해 속상해 하는 아이들이니 말이다. 그렇게 하고 싶은걸 하고 충분히 놀았다 싶을 때 읽는 책이 더 즐거운 법이니까! 시간이 많으면 숙제해라, 책 봐라 아이랑 실갱이하며 싸울 일이 없다. 놀 시간도 없는데, '숙제해야지, 책 봐야지' 하면 아이도 얼마나 하기 싫을지 충분히 이해할 수 있다. 충분히 놀았기에 숙제도 기꺼이 하고, 책도 즐겁게 읽을 수 있게 된다.

우리 아이들 뿐 아니라 동네 사교육 많이 안 시키는 집 아이들의 특징이 있다. 엄마는 학원을 잘 안 보내주려고 하는데, 아이들은 보내달라고 난리다. 아이들이 의욕이 넘친다. 이 학원 저 학원 다니는 애들과는 너무나 다른 모습을 보인다. 배우고 싶은 학원을 보내달라고 해서 보내면 어찌나 다들 열심히 하는지 신기할 정도이다. 모두 엄마의 강요가 없어 가능한 일이다.

1학년때, 어느 날은 아들이 학교에서 오더니 물었다.

"엄마, 인라인도 학원이야?"

"응, 인라인 가르쳐주는 곳이니까 학원 맞지."

"어쩌지? 나 선생님이 학원 안다니는 친구들 손들어 보라고 했는데 인라인은 학원 아닌 줄 알고 손 들었어. 근데, 우리 반에서 나만 손 들었다!"

"정말 너 혼자만 손 들었어?"

"어~ 근데, 친구들이 학원 안다닌다고 좋겠다고 다들 너무 부러워하던데? 학원 안 다니는 게 좋은 거야?"

어느 정도 예상은 했지만, 아이와 대화를 하면서 초등학교 1학년인데 학원 안 다니는 아이가 아무도 없다는 현실에 놀라고, 학원 안 다닌다고 손 든 우리 축복이를 친구들이 너무 부러워 했다는 이야기에 더욱 놀랐다. 축복이를 부럽다고 하는건, 아이들이 학원 다니기 싫은데 다니고 있다는 이야기인데... 이 학원 저 학원 다니랴, 숙제하랴 하루가 고단한 아이들, 놀지 못하는 아이들이 나는 참 안타깝다.

03

앎의 기쁨을 아는 아이

　　얼마 전 설거지를 하고 와보니, 아들이 1살 차이나는 여동생과 받아쓰기를 하고 있었다. 1학년때, 축복이는 매주 목요일이면 학교에서 받아쓰기 시험을 봤다. 오빠가 시험 전날이면 어김없이 받아쓰기 연습 하는 모습을 보더니 행운이도 하고 싶다고 했다. 축복이는 동생에게 선생님처럼 받아쓰기를 불러주고, 채점도 해주고, 틀린 것도 알려줬다. 그 모습을 보고 얼마나 뿌듯했는지! 그 모습을 보면서 많은 생각을 했다. 만약 내가 기억, 니은부터 쓰게 하고 가나다라 외우게 하면서 한글을 가르쳤다면 저런 모습을 과연 볼 수 있었을까? 저렇게 시간 가는 줄 모르고 둘 다 재미있게 받아쓰기하는 모습을 볼 수 있었을까 싶었다.

나도 처음부터 가르치려고 시도조차 안 해 봤던 건 아니다. 앉혀놓고 해보았는데 부모가 자기 자식을 가르치는 건 쉽지 않았다. 몇번의 시도후에 이건 아니라는 생각이들었다. 이러다가는 애들이 한글의 '한' 자도 싫어할게 뻔했다. 어떻게 해야할지 모를때 다행이 '책'이라는 구세주를 만났다. 꾸준히 책을 읽은 아이들은 저절로 한글을 뗀다는 이야기를 많이 접했기에 '그래 나도 해보자' 하고 아이들이 한글을 알든 말든 그냥 꾸준히 책을 읽어주기만 했다. 그렇게 시간이 지나니 한자, 한자 아이들이 한글을 알아가게 되고, 결국에는 스스로 책을 읽는 날이 왔다! 아이들도 신기해 하고, 우리 부부도 '와~진짜 되는구나!' 하며 신기해 했다. 아이들이 스스로 그림 그리듯이 재미있게 쓰더니 한글 쓰기도 하게 되었다. 그렇게 아이들이 스스로 앎의 기쁨을 알아갔다.

아이들에게 가장 중요한 건 바로 '앎의 기쁨'이라고 생각한다. 우리 부모들이 해야할 일은 바로 '우리 아이들에게 앎의 기쁨을 빼앗지 않는것'이다. 그런데 가만 보면, 우리 어른들은 아이들이 앎의 기쁨을 느끼기도 전에 미리 차단해 버리고 있지는 않은지 잘 생각해볼 문제인 것 같다. 사람은 누구나 본인이 호기심을 가지고 알고자 하는 게 있으면 흥미를 가지게 되고 누가 하라고 시키지 않아도 스스로 그 일을 열심히 하게 되어 있다. 예를 들어 남자아이들 경우 공룡을 좋아하게 되면 공룡 책도 너무 좋아한다. 그러면 부모는 아이가 공룡에 대해 욕구를 해소할 수 있게 기회를 제공해 주면 된다. 공룡 전시관에 데리고 간다든지, 책을 사준다든지, 다큐나 동영상 등을 보여주면 아이들은 저절로 공룡에 한해서는 박사가 되어간다. 트리케라톱스는 뿔이 몇 개? 티라노 사우르스는 육식공룡 이러면서 외우게 시킨다면 아이가 공룡을 좋아하게 될까? 나라면 공룡의 '공' 소리도 듣기 싫어질 것 같다.

아이들이 흥미도 없고 관심도 없는데, 4~5살 된 애들 심지어는 더 어린 아이들을 책상에 앉혀 알파벳을 쓰게 하고, 한글 가나다라를 쓰게 하고, 과연 그렇게 부모랑 실갱이 하면서 공부를 하면 아이가 영어에, 또 공부에 흥미 있는 아이들이 될 수 있을까?

그렇게 공부를 하게 되면, 부모와의 사이도 안 좋아지겠지만, 아이들은 그럴수록 더욱 공부와는 거리가 멀어지는 아이들로 클 확률이 높다. 얼마 전 학습지 하는 애들치고 학습지 안 찢어본 애들이 없다는 이야기를 들었다. 내 친구는 아이가 찢어버린 학습지를 발견하고는 학습지 끊고, 그 관련 학원으로 아이를 보냈다고 한다. 그런데 다른 학원 보내면 그 아이가 공부를 잘하고 흥미를 가지게 될까? 그렇지 않을 확률이 높다. 오히려 아이는 그 과목을 더 지긋지긋하게 생각하는 아이가 되어 버릴 수 있다. 선생님과의 관계나 교육방법에 문제가 있는 게 아니라, 아이가 공부를 너무 싫어해서 그런 거라면 다른 방법을 찾는 게 우선이다. 얼마 전 논란이 되었던 '잔혹 동시' 내용만 봐도 아이들이 가기 싫은 학원을 보내는 엄마를 어떻게 생각하는지 충분히 알 수 있다. 가기 싫은데 억지로 하루 종일 여기저기 학원 보내는 엄마가 밉고 싫을 수 밖에... 나도 하기 싫은데 엄마가 억지로 시키면 그렇게 싫었다. 내가 하고 싶어 하는 공부는 즐겁게 했지만 억지로 보내서 간 학원에서는 그냥 시간 때우다 놀다가 오곤 했다.

그 시간, 그 돈으로 차라리 아이들과 체험을 다녀 보는 건 어떨까? 과학에 관심을 갖게 해주고 싶다면 과학관에 나들이 자주 가보고, 역사에 관심 갖게 해주고 싶다면 근처 박물관에 가볍게 김밥 싸서 휙 둘러보고 오면 된다. 가서 애 학습 시킨다고 구석기가 어쩌고 저쩌고 애 관심 없는데 이거 봐라 저거 봐라 잔소리 하지 말고, 아이 발걸음 따라다니면서 아이가 관심 있는 게 있으면 같이 옆에서 보면서

"와 옛날 사람들이 그릇을 이렇게 흙으로 만들어 썼구나, 근데 왜 그릇이 아래가 뾰족 한 걸까? 저러면 쓰러질 것 같은데?"

이런 식으로 호기심 유발 작전을 펼치면서 아이 흥미를 이끌어 주는 거다. 김밥, 과자, 음료수 사서 과학관, 역사관 등등 온가족이 휙~

나들이처럼 둘러보고 나와서 돗자리 펴고 김밥 먹고 화목한 시간 보내면 된다. 그렇게 온가족이 즐거운 시간 보내고 집에 와서는 낮에 본 관련 책이 있다면 슬쩍 보여주면서 "어머~ 아까 거기서 본 게 우리 집 책에도 있구나~!" 하면서 함께 읽어보면 아이와 사이도 좋아지고, 아이도 공부가 학습이 아닌 즐거운 것이 되어 갈 것이다. 그렇게 앎의 기쁨을 알아가게 부모들이 도와주어야 한다.

어떤 육아서를 읽어도 기본적인 내용은 같다. 부모와 사이가 좋을수록 공부 잘하는 아이로 클 수 있다고. 기본 중에 기본이지만 우리는 그 기본을 당연하다고 생각해서 그런지 무시하고 뭔가 특별한 걸 찾는 경향이 있다. 다이어트 할 때도 밥 덜 먹고 운동 하는 게 기본인줄 알면서 먹을 거 다 먹고, 운동 안하고 살 빼는 법을 늘 찾듯이 말이다. 그렇게 뺀 살은 요요현상으로 되돌아오고 결국 건강하지 못하게 된다. 앎의 기쁨을 제공해주면서 아이와 사이도 좋은 부모라면, 어떤 아이도 훌륭하게 키울 수 있다.

아인슈타인의 어머니가 내가 가장 본받고 싶은 분이다. 아인슈타인이 학교에서 선생님으로부터 '지나치게 산만하여 성공할 가망성이 없는 아이' 라는 소리를 들을 정도였지만 늘 아인슈타인에게 "넌 남다른 특별함을 갖고 있단다. 반드시 훌륭한 사람이 될 거야."라고 말했다고 한다. 그런 어머니 덕분에 아인슈타인은 대단한 과학자가 될 수 있었다. 아인슈타인은 상대성 원리를 발견한 이후에도 "나는 천재가 아니다. 다만 호기심이 많았을 뿐이다"라고 말했다고 한다.

학교에서 문제라고 낙인 찍혔던 산만한 아이를 부모가 어떻게 하느냐에 따라서 천재가 될 수도 정말 문제아가 될 수도 있다는 사실에 나 역시 아인슈타인 어머니 같은 엄마가 되어야겠다고 다짐 했다.

모든 아이들은 천재로 태어난다고 한다. 다 천재 같아 보이던 아이들이 초등학교를 들어가고서, 점점 커갈수록 평범해져 간다는 소리를 많이 듣는다. 호기심이 넘치는 아이들인데 커가면서 앎의 기쁨을 우리 어른들이 빼앗아가고 있었던 건 아닌가 심각하게 고민해봐야 할 문제이다. 그렇게 하나 하나 호기심을 가지고 세상을 대하는 아이라면 공부! 공부! 강요하지 않아도 우리 아이들 모두 아인슈타인처럼 되지 않을까 기대해 본다.

그렇게 하려면 부모가 먼저 나서서 이거 배워라, 저거 배워라 하면 안 된다. 부모는 아이가 호기심을 가지면 그때 얼른 그 호기심을 해결해주는 역할을 하면 충분하다. 아무것도 호기심이 없는 아이가 있다면 그동안 스스로 하기보다 부모가 시키는 것만 해와서 스스로 뭔가 관심 가질 기회가 없었던 건 아닌지 생각해 볼 문제이다. 뭐든 스스로 생각할 시간을 주면 호기심 갖는 게 분명 있을 테니까!

04

사교육을 적게 시켜야 하는 이유

　우리 아이들은 정말 지극히 평범한 아이들이다. 주변 아이들에 비해 뛰어나지도 그렇다고 뒤처지지도 않는 지극히 보통아이들이다. 하지만 다른 아이들에 비해 호기심이 많다. 모든걸 흥미로워하고, 관심이 많아 의욕도 넘치고, 뭘 하면 굉장히 열심히 하는 편이다. 이제 갓 초등학교 2학년이 된 아들은 학교 공부도 재미있다고 표현을 한다. 초등학교 입학한 딸 역시, 어린이집 다닐때 있는 시간 내내 허투루 보내는 시간 없이 어떤 수업시간에도 눈을 반짝이며 수업을 듣는다고 선생님께서 말씀하셨다.(두 아이 다 7세까지 구립 어린이집을 다녔다.) 보통의 아이들은 좋아하는 몇 가지만 집중하고 나머지는 관심이 없는데, 딸은 그런 면이 참 대단한 아이라면서 앞으로가 너무 기대된다고 말씀하셨다. 나는 그 이유가 바로, 학습에 대한 부모의 기대나 강요가 없었기 때문이라고 생각한다.

한글을 가르치겠다고 '한글 써봐. 이것도 몰라? 이거 저번에 배웠는데 벌써 까먹었어?' 등등 잔소리를 해댔다면 스스로 아이들이 한글을 그림 그리듯이 즐기면서 배우지 못했을 거라고 감히 장담한다. 사실 부모가 자식을 가르치는 건 매우 힘들다. 남의 자식은 사심이 들어가지 않아 평정심을 유지하고 가르칠 수 있지만, 내 자식은 욕심이 생기기에 더욱 그렇다. 학원이 아니면 그럼 아이들 공부는 어떻게 시킬 것인가? 고민이 되었다. 다행이 내게는 책이라는 구세주가 있었다. 책이라는 고마운 도구가 있어 아이들과 얼굴 붉히며 싸우지 않으면서 즐겁게 스스로 한글을 깨치고, 한글쓰기도 깨우치게 되어 참 이보다 더 좋은 선생님이 있을까 싶다. 엄마 품에서 그림책을 읽으며 세상에 대해 알아가고, 그 세상에 대한 호기심을 가득 품은 아이들로 클 수 있다는 게 얼마나 가슴 벅찬지!

요즘 아이들을 보면 너무 바쁘다. 초등학교 2학년인 아들 반 친구들만 봐도, 하루 2~3개의 학원은 기본으로 다닌다. 초등학교 2학년이라 4교시나 5교시를 하는데, 학교 끝나고 2~3개의 학원을 돌면 저녁 시간이다. 저녁 먹고, 숙제하고 나면 자야한다. 2~3개의 학원만 다니는 아이들은 그나마 양호한 편이다. 거기다가 학습지니 뭐니 쉴 시간이 없다. 아파트 단지 놀이터에 아이들을 볼 수 없어 우리 동 근처엔 아이들이 없나보다 했는데, 알고 보니, 많은 아이들이 살고 있었다. 다들 학원 다니느라 놀이터에서 아이들이 놀 시간이 없던 거였다.

그런 아이들을 보면 참 안타깝다. 한참 뛰어놀아야 할 나이에 학교에서 수업 듣고, 바로 또 학원에서 공부해야 하고, 집에 와서 밥 먹고 씻고 또 쉬지도 못하고 학교 숙제, 학원 숙제 해야하니 수험생과 다를 게 없다. 앞으로 대학 들어 갈 때까지 공부해야 하니 미리 훈련을 시켜 놓아야 한다는 부모들도 있다. 훈련이라니... 아이들이 공부하는 기계 인가? 아이들도 감정 있는 사람이라는 것을 잊지 말아야 한다.

누가 우리더러 아이들처럼 아침부터 잠자기 전까지 학교, 학원, 다니고 숙제하며 10년 이상을 하라고 시킨다면 할 수 있는 사람 있을까? 나라면 미쳤냐! 고 따질 것 같다. 그런데 워낙 경쟁시대라 '좋은 대학 졸업해야 보다 좋은 직업 갖고 살 확률이 높으니 당연히 공부시켜야지 그럼 안 시키냐, 공부가 최선 아니냐' 고 하는 사람들도 있을 거다. 다 맞는 이야기이다. 요즘 수저 논란 많은데 어찌보면 흙수저 일수록 공부가 최선이다. 공부를 시키지 말자는 말이 아니다. 이제는 방법을 좀 달리해야 한다. 나와 같은 세대나 윗분 세대 때는 소 팔아 공부시켜서 좋은 대학 나오면 출세하고 잘 먹고 잘 살던 시대를 살았다. 소위 말하는 신분상승은 공부만이 가능 했다. 하지만 이제는 명문대를 나온다고 해도 무조건 좋은 곳에 취직하고 돈 잘 버는 시대는 지난 것 같다. 아이들 세대에는 더 치열한 세상이 열린다고 한다. 인터넷 검색만 하면 모든 알려주는 세상에 더 이상 공부만 잘하는 사람은 필요치 않게 된다. 지금도 기업에서는 창의적인 인재를 찾는다. 주입식 교육에 길들여져 주변에서 창의적 인재를 찾기가 참 힘들다고들 한다.

미래가 원하는 사람은 바로 창의 융합적 인재이다. 한 TV 프로그램에서 경희대학교 석철진 교수가 나와 미래형 인재에 대해 언급했다. 과거에는 근면, 성실이 최고의 덕목이었다고 하면 지금은 아니다. 사물과 결합된 인터넷이 불러온 새로운 시대가 열렸는데 완전 새로운 시대가 열릴거라고 말한다. 드론을 예를 들었는데, 드론이 처음 만들어졌을 때는 단순히 무인항공로봇으로만 생각했다. 하지만 미래학자인 토마스프레이가 드론의 192가지 사용법을 제시했다. 기계와 새로운 아이디어가 융합되어 신산업이 만들어지는 것이다. 창조상품, 창조서비스 분야에 새로운 인재가 필요하다는 이야기이다.

'열심히 보다는 새롭게, 깊이보다는 넓게 연결하는 것이 중요' 하다고 석철진 교수는 말한다. 이것이 바로 미래의 창의 융합형 인재라고. 창의 융합형 인재로는 레오나르도 다빈치와 스티브잡스가 있다. 레오나르도 다빈치는 미술, 음악, 과학, 수학, 해부학까지도 능통했다. 그림을 그리면서 수학적 비율을 활용했기에 완벽하게 그려낼 수 있었다. 그리고 스티브잡스는 대학에서 타이포 그라피를 배웠는데 IT와 전혀 상관없는 것 같아 보이지만, 디자인과 기술을 융합한 그의 탁월함이 세계시장을 제패한 이유라고 한다. 이런 창의적 아이디어는 감수성 예술을 담당하는 우뇌에서 나온다. 과거 학교교육은 좌뇌에 맞춰져 있고 지금도 그렇기에 우뇌를 같이 융합해 사용해야 한다. 창의성은 즐거움 속에서 나오는데 흥미롭고 즐거워야 나온다고 한다. 결론은 즐겁게 공부해야 미래에 맞는 창의 융합형 인재가 될 수 있다는 것이다.

내가 이야기하고 싶은 것 역시, 바로 '즐겁게 공부하는 아이들로 키우자' 이다. 그러려면 아이에게 억지로 공부를 시킬게 아니라 어릴 때부터 엄마 품에서 책이라는 도구로 간접경험과 체험, 여행, 놀이를 통해 다양한 직접경험을 많이 하게 해주면 아이들은 저절로 스트레스 없이 즐겁게 스스로 공부하는 아이들이 되지 않을까 싶다.

책에서 본 내용중 엄마, 아빠 손잡고 나들이 다니며 보았던 것들이 학교 교과서에 나오면 아이들은 더욱 신이 난다. 학교 수업이 재미있어지고, 재미있으니 더욱 수업시간에 열심히 하게 되고, 성적이 잘 나오면 더 신이 나서 열심히 하는 아이가 된다. 엄마, 아빠와 사이도 좋고 아이는 공부 스트레스 없으니 얼마나 행복하게 학창시절을 보낼 수 있을까?

나는 무조건 사교육은 반대라고 생각하는 사람은 아니다. 책이나 체험으로 배우지 못하는 것들 중 어떤것은 남에게 배울 수밖에 없는것도 있다. 그런 면에서 사교육은 참 고마운 존재이다. 아이가 배우고 싶어 하는데 부모가 가르쳐줄 수 없다면 당연히 보내는 게 맞다. 하지만 너무 과도한 사교육으로 인해 아이가 힘들어하고 아이가 공부를 오히려 싫어하게 되는 거라면 과감히 사교육은 줄여야 한다고 생각한다. 먼저 공부보다는 부모와의 관계회복이 우선이고, 아이가 공부에 흥미를 붙일 수 있도록 노력 하는 게 우선이니까. 아이의 미래 행복을 위해서 십 수년을 고통 속에 방치해서는 안 된다고 생각한다. 그렇게 공부한다고 성공한다는 보장 역시 없기 때문이다.

과도한 사교육으로 우리 아이들이 병들고 있는 건 아닌지 생각해보아야 한다. 고통 속에 공부하며, 무조건 좋은 대학 가고, 좋은 직업을 갖는 것만이 아이를 위한 길인가 다시 한번 생각해 볼 문제이다. 밑빠진 독이라는 사교육비로 우리 부모들의 노후 역시 준비 못해 나중에 내 사랑하는 자식에게 짐이 되는 존재가 되는 건 더욱 안 될 일이다. 자식에게 최고의 선물은 내 노후의 짐을 주지 않는 것이라고 한다. 부모도, 자식도 행복하려면 과도한 사교육은 진지하게 다시 생각해볼 문제이다.

05

교육은 100미터 달리기가 아니다.

　　교육은 마라톤과 같다는 말을 많이 한다. 나도 아이들 육아를 하면서 그 말이 참 맞다는 생각이 든다. 주변을 가만히 둘러보면 다들 아이 교육을 마치 100미터 달리기 하듯 시킨다. 교육을 뱃속에 있을 때부터 시작하기도 한다. 임신하자마자 영어도 들려주고, 수학도 풀고 한다는 이야기도 심심치 않게 들린다. 물론, 태교는 너무 좋은것이다. 아이 어릴 때에 아이 발달에 좋은 교육을 하는 것도 좋다. 다 좋지만 놓치고 가지 말아야 할 것이 있다. 바로 아이와 엄마와의 관계! 그리고 아이의 행복 말이다. 나도 마찬가지이지만, 모든 사람들의 목표는 행복일 것이다. 공부도 아이의 행복을 위해서 시키는 것이고, 돈도 가족의 행복을 위해서 버는 것이다. 하지만 그 지나친 공부로 인해 부모와의 사이가 멀어지고 아이가 현재 행복하지 않다면, 과연 아이의 행복을 위한 걸까? 곰곰이 생각해 봐야 할 문제이다.

육아서를 읽거나 부모교육 강의를 들어보면 부모와 아이와의 관계가 아이 인생에 막대한 영향을 준다는 사실을 알 수 있다. 특히 주 양육자인 엄마의 아이를 대하는 태도, 말 하나 하나가 영향을 끼치는데, 아무리 똑똑한 아이라도 주눅 들게 만들어 무능하게 만들 수도 부족한 아이를 훌륭한 아이로 키울 수도 있다. 앞장에서 언급한 아인슈타인 어머니 같은 경우가 부족한 아이를 훌륭하게 키워낸 예이다.

아이들과의 하루 종일 대화를 보면

"일어나"

"밥 빨리 먹어"

"가방 잘 챙겼어?"

"학교 잘 다녀와"

"무슨 무슨 학원 다녀와. 선생님 말씀 잘 듣고"

"얼은 씻고, 밥 먹고 숙제해"

"얼른 자!"

이게 대화의 전부인 집이 의외로 많다. 이게 과연 대화인가? 이건 대화가 아닌 명령이다. 하루 종일 내 의지는 없이 엄마가 시키는 것만 해야 하는 하루를 보내는 게 우리 아이들이다. 학교에서도 선생님 말씀 잘 들어야 하고 학원에서도 꼼짝없이 앉아서 수업을 들어야한다.

어느 누군가 하루 종일 나한테,

"아침 일찍 일어나서 김치찌개도 좀 맛있게 끓이고, 청소도 좀 깨끗하게 해놓고, 창고가 이게 뭐니? 정리 좀 해라! 저녁 반찬도 좀 제대로 차려놓고, 집에서 그렇게 퍼진 옷 말고, 뱃살 좀 봐, 몸매 관리 좀 해. 아줌마들이랑 수다 떨러 다닐 시간에 책 좀 보고 남들처럼 자기계발을 해. 왜 그렇게 사니. 아이들한테도 본받을 만한 행동을 좀 하고"

쫓아다니며 이렇게 잔소리를 한다면 난 정말 집 뛰쳐나갈 것 같다. 잠시 차도 한잔 마시고 싶고, 수다도 떨고 싶고, 친구들 만나 놀고도 싶고, 하고 싶은 게 많은데, 하루 종일 저렇게 내 의지와는 상관없이 시키는 대로만 해야 한다면 독자분들은 '그래, 다 나를 위한 말이니, 잘 새겨들어야지!' 라고 생각하며 행복하고 즐겁게 하루 하루 보낼 수 있을까? 엄마라는 이유로, 사랑한다는 이유로 아이를 숨 막히게 하고 있는 건 아닌지 생각해 볼 문제이다.

사랑은, 상대방이 느낄 수 있어야 사랑이다. 나는 너를 사랑한다고 아무리 말해봤자, 그 사랑으로 상대방이 힘들다면 진정한 사랑일까 생각해 보아야 한다. 예를 들어 채식하는 여자와 고기를 좋아하는 남자가 만났다고 치자. 남자 입장에서는 자기가 고기가 맛있으니까, 최고 맛있는 음식을 대접하기 위해 유명하다는 고깃집에 여자를 데리고 간다. 하지만 채식하는 여자에게는 아무리 맛있는 고기라도 반갑지 않다. 서로 이렇게 자기 기준으로 사랑을 준다면 그 사랑은 결코 오래가지 못할게 뻔하다. 사랑은, 나를 버리고 상대방에게 맞춰가는 것이 진정한 사랑이라고 한다.

너무 사랑해서 이렇게 고생하면서 돈을 벌고 잘 키우겠다고 있는 돈 없는 돈 들여 좋은 학원 다 보내 주는 것이 부모 마음이다. 아이 입장에서는 너무 감사하지만 공부하는 과정이 너무 괴롭다면, 과연 올바른 사랑일까? 그게 온전한 사랑이라고 아이들이 믿는다면, 왜 학원가에 소아정신과가 비례해서 생긴다는 말이 나오는 걸까? 왜 공부 때문에 자살한다는 뉴스가 심심치 않게 나오는 걸까? 정말 아이를 위한 진정한 사랑이 무엇인가 잘 생각해 볼 문제이다.

아이들은 절대 공부하는 기계가 아니다. 감정도 있고 자기 생각도 있다. 그런데 어른들은 아이들이 공부하는 기계가 되길 바라는 것 같다. 자기 의견 없이 시키는 것만 잘하는 아이가 착하다고 말한다. 그렇게 어른 말만 잘 듣는 아이는 어른이 되어서도 남이 시키는 것만 잘하는 아이들이 될 확률이 크다. 스스로 뭔가를 생각하고, 계획하고, 결정하고, 책임을 져본 적도 없으니 뭔가를 시도한다는 자체가 두렵다. 과연 그런 아이들로 크길 원하는가? 그런 걸 원하는 건 아닌데 그렇게 키우고 있는 건 아닌지!

아이는 비싸고 좋은 학원 보내주며 하루 종일 공부해라 잔소리하는 부모보다는, 학원 안 보내주더라도 믿어주고, 격려해주고, 항상 응원해주는 부모에게 더 큰 사랑을 느낀다. 공부 좀 못하더라도 "넌 할 수 있어, 조금만 더 힘을 내보자. 다음엔 더 잘 할 수 있을 거야"라며 눈 맞추고 따뜻한 말 한마디라도 더 해주는 부모에게 사랑을 느낀다. 그렇게 엄마의 사랑을 충분히 느끼며 부모의 격려를 받으며 큰 아이들은 비록 당장 무언가를 잘 해내지 못할 수 있다. 남들보다 크게 공부를 잘하지 못할 수도 있다. 하지만 남들보다 공부를 즐기는 아이들로 클 수는 있을 것 같다. 누구보다 두려움 없이 인생을 즐기면서 살 수 있을 것이다.

똑같이 80점을 맞았는데, 어떤 아이는 엄마한테 혼날까봐 두려워하고, 다른 아이는 '아쉽게 2개 틀렸네, 다음엔 좀 더 열심히 해서 100

점 맞아야지' 하는 아이가 있다면, 엄마한테 혼나는 게 두려운 아이는 더 어려운 문제에 도전하지 않게 된다. 틀리면 혼나니까 항상 도전을 두려워하는 아이가 되어버린다. 하지만 늘 부모에게 격려를 받은 아이는 어려워도 도전해보는 아이가 될 수 있다.

당장의 점수가 중요한 것이 아니다. 어려워도 시도해보고, 실패를 두려워하지 않는 아이로 키우는 것이 우리 부모들이 해야 할 일이다. 하기 싫은 공부인데, 억지로 꾸역꾸역해서 남들 다 알아주는 명문대 진학하고 좋은 직장 얻으면 무슨 소용 있을까? 좋은 대학에 진학하지 못하더라도, 공부를 즐기고 자기 인생을 스스로 계획할 줄 알고, 실패를 두려워하지 않는 아이들이 더 행복한 인생 살 수 있지 않을까?

앞으로 수명은 더욱 늘어난다고 한다. 아이들의 인생은 정말 장거리 달리기와 같다. 마치 100미터 달리기를 하듯 매 순간 아이들을 달리게 하는 건 아이를 금방 지쳐 떨어지게 만드는 최고의 방법이다. 마라톤은 처음부터 죽어라 달리면 절대 완주할 수 없다. 남들보다 뒤처지더라도 내 페이스에 맞춰서 뛰어야 목적지에 도착할 수 있다. 100미터 달리기보다, 마라톤이 훨씬 힘든 일이다. 그 힘든 마라톤과 같은 아이 인생을 '부모가 빨리 뛰어!!' 라고 강요 하는 건, 남들보다 빨리 포기하라고 하는 것밖에 안 되는 것 같다. 오히려 아이가 너무 빨리 뛰어

나가려고 하면 쉬엄 쉬엄 갈 수 있게, 지치지 않고 갈 수 있도록 해야 한다.

너무 이른 나이부터 이 학원, 저 학원 다니며 학습하기보다는 엄마 품에서 책 많이 읽고 부모 손잡고 여기저기 나들이 다니면서 부모의 사랑도 느끼고 아이 안의 그릇 역시 키워야 한다. 축복이는 초등학교 1년 동안 학원, 학습지 하나 없어도 수업 따라가는데 큰 문제가 없었다. 공부를 잘 하는 아이는 아니지만 다양하게 책을 읽고 다양한 경험을 한 아이라 수업내용을 이해하는데 큰 어려움이 없었던 것 같다. 오히려 남들보다 더욱 재미있게 학교에 잘 다니고 있다. 심하게 아픈 게 아니라면 학교 다녀와서 병원가고 싶다고 말하는 아이이다. 학교라는 곳이 즐거운 곳이라고 생각한다. 난 이걸로 만족한다. 앞으로 10년 이상 다녀야 할 학교인데, 지겨운 곳, 힘든 곳이 벌써부터 되어버리면 안되니까!

분명 인생 살면서 100미터 달리기를 해야 하는 순간이 온다. 대학 시험을 앞두고, 또는 취직을 앞두고 매진해야 하는 시기들이 여러 번 올 것이다. 그 시기에 우리 아이들이 지치지 않고 치고 올라갈 수 있으면 좋겠다. 그러려면 그 전에 아이 안에 배터리를 충전시켜 놓아야 한다. 독서와 다양한 체험으로 도전을 즐기는 아이들이 되어 있어야 하고, 무엇보다 엄마의 믿음과 사랑을 충분히 느끼고 있어야 한다. 그렇게 채운 배터리로 아이는 열심히 인생의 마라톤을 즐길 수 있는 아이들이 될 수 있지 않을까 생각해본다.

제 2 장

독서육아의 기본

독서육아의 기본은 바로 엄마와의 사랑을 기반으로 한다는 것이다. 요즘 아이들은 학원으로 내몰리며 엄마의 사랑을 느낄 시간이 많이 없다. 엄마와 눈 맞추고 엄마의 사랑을 충분히 받으며 커가야 할 시간에 학원에 가야한다. 학원, 공부보다 중요한 것은 바로 아이의 정서이다. 충분히 사랑받는다고 느끼는 아이가 공부도 잘 할 수 있다. 학원 보다는 엄마와 함께 책을 읽고 엄마 아빠와 즐겁게 다닌 여행, 나들이를 통해서 아이들은 충분히 배울 수 있다.

아이들에게 책은 장난감이다.
흥미롭고 재미있는 이야기거리가
가득한 장난감이다.

01

독서육아의 방법

　독서육아란 육아의 기본을 독서에 둔다는데 있다. 사실 독서육아라고 따로 말하는 것도 무언가 어색하다는 생각이 든다. 독서는 기본이다. 독서란 한자로 풀이하면 말 그대로 책을 읽는 행위이다. 독서육아라고 굳이 표현하지 않아도, 독서를 기본으로 하는 교육은 너무 당연하기 때문이다. 요즘은 초등학교에서도 독서를 적극 권장하는 분위기여서 내가 학교 다닐 때와는 다르게 학급에 다양한 책이 구비되어 있고, 학교내에 도서관도 대부분 있어서 언제라도 책을 접할 수 있는 분위기가 많이 형성되어 있다. 1학년때 아들의 학교 숙제에 빠지지 않은 것이 바로 독서 30분이었다. 독서록 작성으로 다양한 글쓰기와 표현으로 인해 아이의 창의력과 사고력도 확장시켜 줄 수 있어 참 좋다고 생각한다. 내가 어릴 적에는 그렇게 책 읽는 문화가 아니어서 많은 책을 접할 기회가 지금보다는 상대적으로 적었다. 하지만 요즘 아이들은 마음만 먹으면 언제든지 책을 접할 수 있어, 우리 세대보다 훌륭한 아이들이 많이 나오겠구나 하는 생각에 기분이 좋아진다.

'그렇게 요즘 애들 다 책 읽는데, 군이 독서육아를 해야 하느냐, 독서는 숙제로 하니까, 학원 열심히 보내도 상관없지 않나?' 라고 생각할지 모르겠다. 내가 생각하는 독서 육아는 책을 읽으며, 다양한 체험도 해보고, 다양한 생각도 많이 해보게끔 만들어 주는 것이다. 숙제이기 때문에, 의무처럼 책을 읽고, 억지로 하는 독서라면 아이에게 과연 얼마나 도움이 될까 싶다. 아들의 경우 방과 후 수업도 있고 운동이 있는 날은, 학교 다녀와서 잠깐 쉬고 운동을 다녀왔다. 학교 다녀와서 좀 놀다가 운동 다녀와서 저녁 먹고, 씻고 숙제 좀 하려고 하면 시간이 별로 없다. 독서 30분하고, 숙제하기도 너무 빠듯하다. 동생이랑 놀고 싶은데 하루 종일 바빠서 쫓기다 보니, 그런 날은 책 읽는 속도가 빨라진다. 책을 읽는다기보다, 숙제라서 의무감으로 책장을 빨리 넘기기 바빴다. 독서록 내용도 당연히 부실해진다. 그런데 학교 다녀와서 아무 것도 없는 날은 집에서 실컷 놀며 시간이 많으니 같은 책을 읽어도 그림도 꼼꼼하게 보고 구석 구석 내용하나 빼놓지 않고 푹 빠져서 보곤 한다. 독서록 내용도 다양하게 생각해서 작성한다. 이렇게 티가 확 나는데, 하루에 학원 몇 개씩 다니며, 학원 숙제에, 학교 숙제로 독서까지 해야 하는 상황이라면 과연 독서를 제대로 할 수 있을까 싶다.

하루 종일, 학교 다녀와서 학원 돌고 집에서 좀 쉬고 놀고도 싶은데 또 숙제 숙제...휴~ 독서가 즐거움이 아닌 지겨운 하나의 과제가 되어가지 않을까 걱정이 된다. 나는 아이들에게 독서는 삶의 친구이자 휴식처가 되었으면 좋겠다. 책은 우리에게 직접 가보지 못한 곳들의 다양한 면을 보여주고, 또 알고자 하는 많은 것들을 알려주기도 하고, 때로는 내 마음을 위로 받을 수 있는 곳이 되기도 한다. 그런데 책이라는 것 자체가 내 아이에게 지겨운 것이 되어버리면 안될 일이다. 그러기에 나는 아이들에게 많은 시간적 여유를 줘야 한다고 생각한다. 많이 놀아야 책도 읽게되고, 뭔가 실컷 하고 나야 독서를 즐길 수 있게 되니까.

요즘 독서육아를 일명 '책육아' 라고 많이들 이야기한다. 책육아 방법에 대해서 찾아보면 '어린이집이나 유치원(기관) 보내지 않고 아이가 원할 때면 밤을 새서라도 책을 읽어주는 것, 책으로 집에 도배를 하고, 매달 전집을 들이고, 아이가 원할 때면 언제라도 달려와서 책 읽어주는 것' 이쯤 말하면 요약이 될 듯 싶다. 나도 처음엔 책육아라는 생소한 단어를 듣고 나서 관련 책들을 찾아 많이 읽어 보았다. 내가 할 수 있는 것도 있고 자신 없는 것들도 있었다. 나처럼 '난 저렇게 까지 할 자신 없는데' 하는 부모들 분명 있을 거라 생각한다. 나 또한 '내가 어디까지 할 수 있을까, 꼭 저렇게 다 해야만 독서육아에 성공할 수 있는 걸까' 많은 고민을 했다.

내가 내린 결론은 '독서육아에 대한 정답은 없다' 이다. 위 방법들은 이미 성공한 독서육아 부모들이 해온 방법으로, 많은 시행착오를 겪으면서 '이왕 애 육아할거면 제대로 하세요' 라고 조언하는 정도로만 받아들이면 될 것 같다. 할 수만 있다면, 좋은 방법이라고 생각한다. 하지만 모든 육아가 꼭 같은 길로 갈 수는 없다고 생각한다. 각자의 상황, 환경에 따라 대로로 가는 사람도 있고, 지름길로 가는 사람도 있고, 또 전혀 다른 길로 가는 방법도 있을 수 있다. 목표는 같지만, 사람마다 환경이 다르고, 부모와 아이의 성향도 다르니 각자의 의향에 맞춰서 하는 게 맞다.

'맞벌이라서 어린이집 맡겨야 하는 상황이라 다음날 출근을 위해 애가 원할 때까지 책을 밤새 읽어줄 수 없으니, 나는 독서육아 할 자격이 없는 건가?

'둘째가 너무 어려서 첫째는 어린이집 보내고 싶은데 어쩌지? 다른 엄마들은 둘도 잘 데리고 있던데 왜 나만 못하는 걸까?

'생활비도 빠듯한데 매달 전집을 어떻게 들이지?

'집이 좁아 책으로 도배를 할 수가 없는데 어쩌지?'

정말 다양한 문제들이 걸리게 마련이다. 이런저런 이유로 독서육아 성공기의 부모들처럼 나는 왜 독서육아로 성공하지 못하는 걸까 고민하는 분들을 많이 봤다. 나 역시 그런 많은 고민 끝에 지금 나만의 독서육아를 하고 있다.

내가 내린 결론은 바로 '내가 할 수 있는 만큼만 하자' 이다. 맞벌이하는 엄마라면 자기전에 2~3권 만이라도 아이에게 책을 읽어주면 된다. 여력이 되어서 더 읽어줄 수 있으면 더 좋고 아니면 말면 된다. 둘째가 어려 첫째 어린이집에 보내는 전업주부라면, 첫째를 등원시키고, 아기 돌보고, 첫째 돌아오면 또 내가 해줄 수 있을 만큼 읽어주면 된다. 돈이 없어서 매달 전집 못 들이고 집이 좁아서 집에 책으로 도배할 형편이 되지 못하면, 도서관을 이용하면 된다. 내 형편에 맞게, 내 아이와 나의 페이스에 맞게 하는 것이 바로 최고의 독서육아 방법이 아닐까 싶다. 나 역시 아이들 어린이집 보내놓고, 집안 청소하고 나만의 시간을 통해 재충전한 후에 아이들 돌아오면 같이 책도 읽고 간식도 해주며 하루를 보냈다. 남의 아이들 밤새 몇 십권씩 책 읽는데, 내 아이만 뒤처질까 걱정하지 않기로 했다. 하루 몇 권이라도 꾸준히 읽어주자고 생각하고 지나보니 벌써 몇 년이 되었다. 느린 걸음으로 가더라도, 포기하지 않고 꾸준히만 가면 결국 목적지에 도착하게 마련이니

조급해하지 않기로 했다.

　나도 지치지 않고 아이들도 즐겁게 독서육아를 끝까지 할 수 있는 최선의 방법이 바로, '내가 할 수 있는 만큼만' 이라고 생각한다. 직장생활 하느라 너무 피곤한데, '10권 읽어줘야지!' 하면 오래 유지 할 수 있을까? 그 10권 읽어주는 내내 얼마나 지겹고 힘들까? 엄마도 즐겁게 읽어줘야 듣는 아이도 즐겁게 들을 수 있다. 그런 날이라면 차라리 하루 한권만 즐겁게 읽어주고 자고, 컨디션 좋은 날은 좀 더 읽어주고 조절하면서 가는 게 맞는 것 같다. 그래야 아이도 나도 지치지 않고 갈 수 있다.

　다독이 최고라고 하는 사람도 있고, 다독은 독이다, 한권이라도 제대로 읽어라 하는 사람도 있다. 나는 이것도 사람에 따라 또 책에 따라 다르다고 생각한다. 나 같은 경우는 다독하는 스타일이다. 육아서를 읽더라도 여러 책을 읽으면서 배운다. '아~ 이런 것도 있구나, 이건 내가 몰랐네. 이 책에서는 이런 부분을 배울 수 있구나' 하면서 많은 것을 배운다. 자기계발, 재테크의 경우에도 다독을 하면서 깨우쳐가는 스타일이다. 그런데. 책 한권을 읽더라도 천천히 정말 깊이 생각하고 받아들이는 사람들도 있다. 그런 사람들은 숙독이 더 맞는 사람들이다. 또 책에 따라서도 한번 읽어도 충분한 책이 있고 여러 번 읽을수록 도움이 되는 책도 있다. 이건 책을 읽다보면 자연스레 스스로 알게 된다.

나도 예전에는 한번 읽은 책은 다시 읽지 않았다. 그런데 최근에는 시간이 흘러서 다시 읽어보고 싶다는 생각이 드는 책들은 몇 번이고 다시 읽어본다. 이렇게 사람스타일에 따라, 또 책에 따라 달라지는 게 바로 책 읽기 방법인 것 같다. 다양한 책을 읽으면 다양한 지식과 생각들을 접할 수 있어 좋고, 한권을 제대로 읽으면 남들보다 더 깊이 생각하고 느낄 수 있어 좋다.

아이 책 읽어 줄때도 여유 있는 날은 좀 더 많이 읽어주고, 아닌 날은 단 한권이라도 매일 꾸준히 읽어주는 습관을 들인다면 지식도 많이 쌓이며 생각도 커가는 아이들로 저절로 자라나게 될 것이라 믿는다. 무엇보다 책을 좋아하는 아이들로 클 가능성이 높다. 엄마 품에서 엄마 숨소리 들으며 읽는 책을 대부분의 아이들은 좋아한다. 그렇게 책을 어려서부터 읽어준 아이는 정서적으로도 안정된 아이로 클 수 있으니 일석이조 아닌가.

다양한 독서육아 방법들이 존재하지만 가장 좋은 방법은 '나와 내 아이의 페이스에 맞게 내가 할 수 있는 만큼만 즐겁게 하기', '하루 한 권이라도 꾸준히 읽기' 이 두가지를 잊지 말자!

02

아이 삶의 배터리 스킨십

　주변에 문제 있는 아이들을 보면 대부분 부모의 사랑이 부족한 경우가 대부분이다. 뉴스에 등장하는 흉악범들의 성장과정을 보면 대부분 너무 불우하다. 부모에게 방치되고, 사랑받지 못해 마음속에 화가 가득차고, 그 화를 통제 못해 범죄를 저지르게 되는 지경까지 간다. 반면 집안 형편이 좋지 못하더라도 훌륭하게 큰 사람들을 보면, 비록 집안은 가난했을지라도 부모의 사랑만큼은 충분히 받은 경우들이 대부분이다. 한국부모교육센터 이동순 소장은 "아이들의 문제는 백퍼센트 부모의 양육태도가 문제이다"라고 단호하게 말한다. 우리가 잘 아는 '우리 아이가 달라졌어요' 프로를 보아도 정말 놀랍도록 문제 있는 아이들이 많이 등장하는데, 문제의 원인은 아이들이 아닌 모두 부모이다.

부모와 아이의 관계는 아이가 이 세상을 살아가는데 있어 모델링이 된다고 한다. 부모의 사랑을 충분히 받고, 남을 배려하고, 공감을 충분히 받은 아이는 그대로 친구에게 사랑을 베풀 줄 알고, 친구를 배려하고, 공감하게 된다. 그러면 당연히 그 아이는 친구들에게 인기가 많고 교우관계가 좋아, 즐겁게 유치원, 학교생활을 할 수 있게 된다. 하지만 강압적인 부모에게 자라 자기표현 못하고, 늘 주눅 들어 있던 아이들은 친구관계에서도 마찬가지라고 한다. 좋다, 싫다 자기표현을 하지 않으니 친구들이 우습게 보거나 함부로 하며 막 대하게 된다. 왕따 당하는 아이들의 대부분이 이런 유형의 아이들이라고 한다. 내가 아이에게 어떻게 대하느냐에 따라 사회생활을 잘하는 아이도, 그렇지 않은 아이도 될 수 있으니 부모의 역할이 아이 인생에 얼마나 큰 영향을 미치는지 다시 생각해보지 않을 수 없다.

사람이 살아가면서 가장 필요한건 바로 에너지이다. 에너지가 있어야 의욕도 생기고 인생을 진취적으로 살아갈 수 있다. 에너지가 없는 사람은 의욕도 없고 무기력하다. 뭘 해도 재미없고, 귀찮고 왜 사는지 알 수가 없다. 우리는 아이들에게 그 에너지를 채워줘야 한다.

에너지는 자기 존중감이 높다고 생각될 때 생긴다. 자기 존중감은 바로 부모님의 절대적인 사랑을 느낄 때 높아진다. 나는 부모의 사랑을 충분히 받아서 '난 사랑받아 마땅한 사람이구나, 난 참 괜찮은 사람이야' 라는 마음을 가지고 있는 아이들은 뭘 해도 두려움이 없다. 어린이집이나 학교를 가도 항상 당당하고 친구 관계에 있어서도 잘 헤쳐 나가기 마련이다. 뭘 해도 지지해주는 부모가 있으므로 도전하는 아이로 의욕적으로 클 수 있다. 하지만 강압적이고, 비난만 하는 부모를 둔 아이들은 항상 위축되어 있어 도전을 두려워하는 아이들로 클 확률이 높다. 이런 생활이 지속되다 보면 스스로 생각하려는 의욕 자체를 상실하게 되어버린다.

내 아이가 의욕적인 아이로 세상을 살아가길 바란다면 부모는 반드시 아이에게 사랑을 줘야한다.

"무슨 소리냐, 내 배 아파 낳은 자식인데 그럼 내가 사랑을 안 주고 있다는 말이냐? 나도 충분히 사랑하고 있다."

억울해 하는 사람들도 있을 것 같다. 우리는 모두 자식을 너무 사랑하니까 맞는 말이다. 너무 사랑하니까 잘되라고 이것 저것 가르치고, 잔소리도 하게 된다. 잔소리도 사실 애정이 없으면 하지 않는다. 하지만 우리가 잘 생각해 보아야 하는 것은 '아이가 사랑을 충분히 느끼는가' 이다. 내가 아무리 사랑을 준다고 하여도 아이가 느끼기에 '사랑'

이 아니면 아무 소용이 없다. 아이와 관계만 더욱 나빠지고 관계에 오히려 빨간불이 켜져 아이 인생에도 안 좋은 영향을 끼치게 될 수 있다.

아이가 사랑을 느껴야 자기 존중감이 높아지고, 의욕적인 아이로 클 수 있다면, 도대체 그 사랑을 어떻게 줘야 아이가 사랑이라고 느낄까?

여러 방법이 있지만 단연 최고는 바로 충분한 스킨십이다. 모든 애정표현의 기초는 스킨십이다. 하루에도 몇 번씩 사랑한다는 말과 함께 꼭 안아주는 것이다. 의무적으로 안아 주는 것이 아닌 가슴을 맞대고 따뜻한 온기가 느껴질 수 있도록 안아줘야 한다. 아이는 체온을 통해 느껴지는 육체적 스킨십과 귀를 통해 들려지는 따뜻한 말 한마디에 변화한다.

요즘은 포옹에 대한 많은 연구들이 발표되었다. 포옹의 효과를 말하자면 다음과 같다.

1. 애착과 행복을 주는 옥시토신이 분비되어 정서적으로 안정되고 심리적 불안이 해소된다. 마음의 병이 있는 사람은 포옹을 하면 좋아진다.

2. 혈압을 낮춰주는 효과가 있고, 심장박동이 일정해지면서 자율신경계가 자연스럽게 안정적으로 된다. 심장병 예방도 되고 면역력도 증가된다.

3. 외롭다는 느낌을 완화시켜 상대적 박탈감과 우울감을 예방하고 내면의 두려움이나 심리적인 위축, 개인적인 불안이나 두려움, 공포 등을 완화시키는데 탁월한 효과가 있다.

4. 잠자기 전에 하는 포옹은 수면제의 12배 효과를 가진다.

5. 기억력을 높이는 호르몬인 아드레날린과 세로토닌의 분비가 활성화되어 두뇌발달에도 도움이 된다.

6. 감정적 허기로 인해 느끼는 헛헛함을 예방하여 괜히 뭔가 먹고 싶게 만드는 호르몬의 분비가 억제되어 혈액순환을 원활하게 하여 체중증가 예방에도 도움이 된다.

7. 스트레스 호르몬이 감소하고 행복감을 주는 호르몬이 증가하여 스트레스가 완화된다.

정말 포옹의 효과가 이렇게 많은지 예전에는 몰랐었다. 정신적으로 뿐만 아니라 건강에까지 이렇게 효과가 좋기에 우리 아이들을 더욱 많이 안아줘야겠다.

나는 지금 결혼 10년차 부부이다. 사실 두 아이 독박육아에 지치고,

남편이 살림과 육아 좀 함께 도와줬으면 하는데 기대만큼 남편이 도와주지 않았다. '남편도 바쁜 회사생활에 치여서 힘들겠지만, 그래도 좀 더 도와줄 수 없나?' 하는 너무 서운한 마음에 일방적으로 화도 내고 마음을 닫기도 했었다. 내 마음이 닫히니, 남편이 회사에서 돌아와도 말도 하기 싫어지고 심지어는 미워지기 시작했다. 남편이 밉고 화가 생기니 하루 하루 그런 지옥이 없었다. 그 남편에 대한 미움이 그대로 아이들에게 화가 되어 돌아간다는 걸 어느 순간 깨달았다. 이런 상황을 인지 했을때 '아! 이건 아니구나' 뭔가 개선이 필요하다는 생각을 하였고 우연히 포옹에 대한 기사를 보게 되었다. 포옹을 하면 면역력이 좋아지고 관계개선에도 좋다는 걸 보고 실천해야 겠다고 생각했다. 처음엔 어색했지만 한 두번 하게 되니, 점점 자연스러워 지더니, 다시 예전의 감정으로 돌아갔다.

어느 날 몸이 너무 안 좋아 축 처져있는데 남편이 출근하다 말고 정말 꼬옥 끌어안아주며 "사랑해"라고 말해주었다. "자기가 기운이 없으니 마음이 너무 아프다" 면서 말이다. 정말 진심어린 말에 그 가슴으로 전해오는 따뜻한 느낌에 나는 세상에서 제일 행복한 여자가 되었다. 그렇게 사랑받는다는 느낌을 받으며 살아서일까? 나는 온가족 다 독감이 걸렸을 때 조차도 혼자 걸리지 않았다. 아이들 밥 먹이느라, 재우느라 오히려 제일 전염되기 쉬운 상태였는데 말이다. 우리 식구는 지금 아이들과 함께 서로 안고, 뽀뽀하고, 꼭 붙어서 살 부비며 뒹굴면서 산다. 나와 남편이 소파에서 꼭 붙어 있으면 자동으로 두 아이가 달려와 우리부부 사이에 끼여 함께 안는다. 그렇게 점점 우리 가족은 더욱 화목한 가족이 되어갔다. 포옹이라는 행동 하나 시작했을 뿐인데 정말 많은 것이 달라졌다.

남편과 혹은 아이들과 관계가 좀 소원하다고 느낀다면 꼭 포옹을 해보라고 권하고 싶다. 처음엔 어색하지만 하다보면 분명 변화를 느낄 수 있다.

스킨십 하나로 문제 있는 아이를 변화시킨 예가 있다. 한국부모교육센터 이동순 소장님 사무실에 문제가 많은 초등학교 5학년 아이와 엄마가 상담을 갔다고 한다. 말만 하면 싸우고 포옹조차도 힘든 상황이어서 하루 15분씩 마사지를 해주라고 하셨다. 마사지를 해준지 2주 정도가 지나자 변화가 생겼다. 화가 가득차서 참지 못해 폭력을 쓰는 아이였는데 참아야지 하니까 참아지더라는 거다. 엄마도 말썽만 부리는 아들이 너무 미웠는데 내 자식이구나 느끼면서 예뻐지더란다. 그렇게 관계회복이 되어 아이도 많이 좋아졌다. 다만 마사지라는 스킨십만 했을 뿐인데 이런 변화라니, 정말 놀랍지 않은가?

부부 사이가 좋고 화목하면 남편은 처자식을 위해서 밖에 나가 열심히 일할 힘이 나고, 아내도 남편의 사랑으로 편안하게 살림하고, 즐거운 마음으로 육아도 할 수 있다. 항상 사랑하고 존중하는 부모를 보

우리가족에게 스킨십은 일상이다.

며 크는 아이들은 편안한 심리상태로 정서적으로 안정된 아이들로 큰다. 사랑이 가득한 가정 속에서 아이들은 밝고 올바른 아이들로 커간다. 그 최고의 키(Key)가 바로 스킨십이라는 것을 기억하자.

오늘부터 퇴근하는 남편에게 "오늘도 우리를 위해서 고생해줘서 고마워요"라며 꼭 안아주고, 아이에게도 "오늘도 학교에서 즐거웠니? 보고싶었어" 라고 말하며 꼭 안아 주는 건 어떨까?

03

아이들을 날게 하는 힘 칭찬

칭찬은 고래도 춤추게 한다는 말이 있다. 여러분은 아이들에게 칭찬을 자주 해 주는지 궁금하다. 혹 아이가 너무 자만할까봐 칭찬을 아끼는 건 아닌지. 누구나 비난하는 말 보다는 칭찬하는 말을 들을 때, 기분도 좋고, 자신감도 생긴다. 가정주부인 나 또한 가족들을 위해서 요리를 정성껏 해서 차려 놓은 날 "엄마가 해주는 밥이 최고 맛있어", "우리 와이프 정말 요리실력 최고네" 라며 밥 한 그릇씩 뚝딱 먹으면 그렇게 기분이 좋을 수가 없다. 다음에 그 음식을 또 해주고 싶어진다. 그런데 "음식이 짜다, 반찬수가 이게 뭐냐" 등등 안 좋은 말을 듣게 되면 기분이 썩 좋지 않다. 다음엔 그 음식을 두번다시 하고 싶지 않다. 신혼 때 남편이 맛이 그다지 좋지 않아도 맛있게 먹어주었다. 다행히 남편이 음식에 까탈스럽지 않아서였는지 내가 먹어도 뭔가 부족한 듯한 음식을 내어 놓아도 투정 없이 맛있게 먹어주어서 나는 다양한 메뉴를 시도해 보면서 요리 실력이 늘 수 있었던 것 같다. 만약 남편이 다른 집 와이프들과 비교를 했다면, 주눅 들기도 하고 요리 하는 일 자체가 짜증나는 일이 되어 버렸을지도 모른다. 그렇게 맛있게 먹어주는 식구들이 있고 항상 최고라고 말해주니, 요리도 늘고 즐겁게 가족을 위해 요리를 할 수 있게 되었다.

우리 아이들도 마찬가지이다. 부모가 뭘 하나 해도 칭찬해 주면, 부모가 기뻐하는 모습을 보고 아이들은 더 신이 나서 뭔가를 시도하고 열심히 한다. 아이들이 처음 글씨쓰기를 할 때를 생각해보면 당연히 처음엔 삐뚤빼뚤 잘 쓰지 못한다. 순서도 엉망이고, 크기도 틀리고 느리다. 부모가 보기에는 정말 답답한 일이다. 하지만 이때 아이에게 "정말 우리 00가 글씨를 차분히 앉아서 잘 쓰는 구나. 손가락도 아프고 힘들텐데, 너무 기특하네", "처음엔 원래 잘 안 되는 거야. 엄마도 처음 글씨 배울 때 정말 못 했는걸? 하지만 꾸준히 연습하다 보면 예쁜 글씨 쓸 수 있어 힘내!" 라며 칭찬과 함께 용기를 준다면 이 아이는 포기하지 않을 것이고 분명 글씨 쓰는 걸 좋아하는 아이가 될 것이다.

반대로 "공부 할 때는 책상에 똑바로 앉아서 써야지!", "글씨가 그게 뭐야? 또박 또박 제대로 못써?", "누굴 닮아서 이렇게 가만히 앉아

있질 못하고 산만 한 거야?", "옆집 누구는 벌써 한글 다 쓸 줄 안다던데 쯧쯧!" 이런 식으로 비난과 잔소리를 한다면 그 아이는 백프로 글씨 쓰기 자체가 싫은 아이가 될 수밖에 없다.

공부도 마찬가지이다. 공부를 싫어하는 아이로 만드는 최고의 방법이 바로 공부를 강요하고, 비난하고, 옆집아이와 비교하는 것이다. 아들이 한번은 받아쓰기 시험을 백점을 맞아서 기분이 너무 좋아 집에 왔다. "우와~ 우리 아들 대단한데, 어제 연습 잘 하고 가더니 백점 맞아 엄마 기분 최고다!" 하며 안아주었다. 그리고는 평소 잘 안 시켜주는 게임 한 시간을 시켜주었다. 엄마한테 칭찬도 받고 좋아하는 게임도 할 수 있어 받아쓰기 시험 자체가 아들에게는 즐거움이자 기회가 되어버린 셈이다. 1학년 마칠쯤에는 학교 다녀와서는 선생님이 내년부터는 받아쓰기 없다고 말씀 하셨다면서, 그럼 게임할 수 있는 기회가 줄어든다며 오히려 받아쓰기 시험 없어진 걸 서운해 했다.

입학하고 처음 몇 번만 받아쓰기 연습을 도와주고, 그 후로는 아들이 스스로 집에서 한번 써보고 학교에 갔다. 생각보다 너무 잘했다. 백점이 아니라 70점, 80점을 맞아 와도 사실 너무 대견한 마음이 들었다. 수학도 숙제 외에는 하는 게 없지만 수업시간에 재미있게 잘 공부하고 있고 시험도 기대보다 잘 봐 왔다. 아이가 수업을 못 따라가고 이

해를 못한다면 문제겠지만, 수업시간에 재미있게 듣고 잘 따라가고 있다는 자체만으로도 난 너무 고맙다. 만약, 내가 학원 여기저기 보내고 '숙제해라, 수학문제 풀어라' 평소에 잔소리를 했다면 백점 맞는 아이는 될 수 있었을지 모르지만 재미를 아는 아이가 되지는 못했을 거라 생각한다.

공부는 장기전이기에 공부 자체가 싫은 것이 되어버리면 이미 게임 끝이다. 더디더라도 재미를 알면서 천천히 알아가는 것이 더 중요하다. 공부 잘하는 아이로 만들고 싶다면 칭찬으로 공부에 흥미를 가질 수 있도록 도와야 한다.

칭찬도 방법이 있다. 칭찬할 때는 꼭 과정칭찬을 해주어야 한다고 한다. 어느 무용 학원에서 가장 동작을 멋지게 잘한 사람 한명에게만 사탕을 주었다. 다들 사탕을 받기 위해 열심히 했다. 가장 열심히 한 사람에게 사탕을 주는 것이 아니라, 제일 잘한 사람만 주는 것이기에 아이들은 잘할 수 있는 동작만 하려고 했다. 어떤 아이도 어려운 것은 도전하지 않는 아이들이 되어 버렸다고 한다. 아이의 과정이 아닌 결과만을 칭찬한다면, 아이들은 어려운 걸 도전하지 않게 된다. 그래서 아이가 시험을 100점 맞아왔을 때 "우리아들 똑똑한데 천재야"라고 칭찬하기 보다는 "전날 열심히 공부하고 가더니 100점을 맞았구나,

열심히 하는 모습이 멋있어"라고 칭찬을 해줘야 한다.

컬럼비아 대학의 드웩(Carol S. Dweck)교수는 초등학교 5학년생 400여명에게 간단한 문제들을 풀어보도록 한 뒤 다음과 같은 두 가지 문장으로 칭찬해보았다.

"넌 참 똑똑하구나!" -> '지능'을 칭찬해주었다.
"넌 참 열심히 공부했구나!" -> '노력'을 칭찬해주었다.

'지능'을 칭찬받은 아이들과 '노력을 칭찬받은 아이들 간에 어떤 차이가 생겼을까? 드웩 교수는 얼마후 이들을 다시 한 번 시험해보았다.

"여기 쉬운 문제와 어려운 문제, 두 가지 문제가 있어. 어떤 문제를 풀어보겠니?"

어떤 칭찬을 들었느냐에 따라 아이들의 반응은 정반대였다. '노력'을 칭찬받았던 아이들의 90퍼센트는 어려운 문제를 선택했다. 반면 '지능'을 칭찬받았던 아이들은 대부분 쉬운 문제를 골랐다.

칭찬 한 마디가 왜 이런 차이를 만들어낼까?

'지능'을 칭찬받은 아이들은 '지능은 타고나는 거야'라고 생각하게 된다. '지능은 고정돼 있는것'이라고 생각하니 어려운 문제를 기피하게 된다. 노력해도 문제가 풀리지 않을 수도 있기 때문이다. 반면 '노력'을 칭찬받은 아이들은 '지능은 노력에 따라 변하는 것'이라고 생각한다. 그러니 어려운 문제가 두렵지 않다. 설사 지금 안 풀리더라도 노력하면 곧 풀릴 것이기 때문이다.

이런 자세는 나중에 성적에도 영향을 미쳤다. '노력'을 칭찬받았던 아이들은 처음보다 성적이 30퍼센트나 뛰어올랐다. 그러나 '지능'을 칭찬 받았던 아이들은 거꾸로 20퍼센트나 떨어졌다. 드웩교수 스스로도 결과에 크게 놀라워했다. 아이들에게 노력을 칭찬해주면 '난 뭐든지 노력하면 할 수 있어'라고 믿게 되지만 타고난 지능을 칭찬해주면 '내가 잘할 수 있는 건 타고날 때부터 정해진 것'이라고 생각하게 되는 것이다.

드웩교수는 지능을 칭찬받으며 자라난 아이들이 중학교에 들어가서는 어떤지 더 오래 추적해보았다. 지능의 힘만 믿고 중학생이 된 아이들은 일단 성적이 떨어지면 회복불능 상태에 빠져 버렸다. 성적을 올리기 위해서는 노력을 해야 하지만 이들은 노력의 힘을 믿지 않았던 것이다.

드웩 교수는 나중에 이런 진리를 교육현장에서 생생히 확인할 수 있었다. 그녀는 어느 날 뉴욕 할렘가의 한 중학교로부터 전화를 받았다.

"교수님, 학생들의 수학성적이 해마다 떨어져요. 방법이 없을까요?"

드웩 교수는 학교로 달려갔다. 가장 큰 문제는 학생들의 지능에 대한 착각을 뜯어고치는 거였다.

"이 지역의 가난한 아이들은 원래 공부를 못해요."

"저희 부모님도 공부를 못했대요."

그는 학생들 700명을 두 반으로 나눠 A반에겐 효율적인 공부법만을 가르쳐주었다. 그리고 B반에게는 공부법과 함께 "지능은 타고나는 게 아니야"라고 자세히 설명해 주었다. 적절한 자극을 받으면 지능도 높아진다는 내용의 글을 읽어주기도 하고, 과학 비디오도 보여주었다.

"사람의 뇌는 고정돼 있는 게 아니야. 근육처럼 많이 쓸수록 좋아지는 거란다."

6개월 후 학생들에게 수학시험을 치게 했다. 놀라운 변화가 일어났다. 공부법만 배운 A반 학생들의 수학성적은 별 변화가 없었지만, "지능은 변화하는 것이다"라는 사실을 깨닫게 된 학생들의 수학성적은 극적으로 상승했던 것이다.

《김상운의 왓칭 신이부리는 요술 중에서》

"어려운데도 잘 참을 줄도 알고 멋지구나"

"힘들었을 텐데도 열심히 하는 모습이 정말 멋져"

"놀고 싶었을 텐데, 숙제부터 하다니 훌륭하다"

결과가 아닌 과정을 칭찬하면, 아이는 어려운 것도 도전하는 아이가 될 수 있다. 우리 아들은 줄넘기를 참 좋아한다. 1학년 여름방학에 친구들과 함께 줄넘기 특강에 즐겁게 다녔다. 마지막 날 발표회를 했고 형, 누나들 사이에서 줄넘기를 하는데, 자꾸 줄이 걸려 넘어지는 바람에 잘 하지는 못했다. 그래도 포기하지 않고 끝까지 어찌나 열심히 하던지! 보는 내내 감동이었다. 너무 열심히 해서 벌게진 얼굴로 줄넘기가 끝날 때마다 엄마를 쳐다보는데, 엄지척!! "최고 최고!"를 외쳐주었다. 다 끝나고는 "우리 아들 포기하지 않고 열심히 하는 모습이 엄마는 너무 멋지더라. 감동이야"라고 말하며 꼭 안아주었다. 지금도 우리 아들은 잘하지는 못하지만, 줄넘기를 너무 재미있어하고 좋아한다. 잘하진 못하더라도 포기하지 않는 모습에 칭찬해주고 격려해준다면 무엇이든 포기하지 않고 열심히 하는 아이로 클 수 있을 것이라 믿는다.

한번은 딸이 뭔가를 하다가 잘 안 되는 모양이었다.

"엄마, 나 이게 잘 안 돼."

라고 하더니 나를 보고 하는 말이

"하지만! 처음엔 누구나 잘 못하는 거야. 열심히 하다보면 잘할 수 있어."

라며 다시 도전을 하는것이 아닌가!

"그래 행운아, 너 인라인 처음 탈 때 서있기도 힘들었는데 지금은 어때? 잘 타게 되었지? 그리고 수영도 처음엔 뜨지도 못했는데 지금은 킥판 없어도 수영하잖아. 다 똑같은 거야. 처음엔 누구나 서툰 거야. 알지?"

하니, 행운이는 *끄떡끄떡*하며

"맞아"

라고 말했다.

아이들이 어려워하고 힘들 때마다 그렇게 이야기해 주었더니, 우리 아이들은 못하는 건 창피하고 부끄러운 게 아니라 연습하고 열심히 하면 모든 살할 수 있을 거라고 생각하는 듯하다.

나는 아이들이 실패할까봐, 창피 당할까봐 두려워 포기하는 아이들이 되지 않았으면 좋겠다. '내가 열심히만 하면, 뭐든 할 수 있구나!'

라는 생각으로 무엇이든 도전해보고, 실패하더라도 더 연습하면 할 수 있다는 걸 알아가는 성인이 되었으면 좋겠다. 그렇게만 된다면 무엇을 하든 성실하고 자신감 있는 아이들로 클 수 있지 않을까?

결과가 아닌 과정을 칭찬받은 아이는 실패하더라도 본인의 능력을 탓하며, '난 능력이 이것밖에 되지 않아서 할 수 없어'라고 하기 보다는 실패의 원인을 과정 속에서 찾아 해결해 나가는 현명한 어른이 될 수 있다. 능력은 당장 해결하기 힘들지만 과정이나 태도에서 문제가 있었다고 인지하면 금방 개선해 나갈 수 있으니까 말이다.

잔소리와 비난은 아이를 의욕 없게 만드는 지름길이고, 제대로 된 칭찬은 아이를 훨~ 훨 날 수 있게 만드는 날개이다. 아이들 뿐만 아니라 오늘 당장 아내에게, 남편에게 칭찬하는 연습을 해보는 건 어떨까? 꼭 안아주며 칭찬 한마디! 그것이 변화의 시작이다.

04

학원 안 보내는 엄마가
이상한 대한민국

학부모들을 만나면, 인사 후 나누는 이야기는 항상 학원이다.

"영어 학원 어디 보내세요?"

"사고력 뭐 시키세요?"

"논술학원은 안 보내세요?"

학원에 관심이 없고 방과 후 수업, 운동 외에는 많이 시키지 않는
엄마로서 참 난감 할 때가 많다.

"저는 영어학원 안 보내요."

"그럼 사고력 학원은?"

"사고력 학원도 안 보냅니다. 저는 아이들 사교육 많이 안 시켜요."

라고 말하면 말은 안하지만, '이 엄마 애 교육에 참 관심이 없구나!' 하는 눈빛이 역력하다. 그냥 넘어가는 사람들은 그나마 양호한 편이다. 너무 걱정된다는 듯이 말하는 사람들도 있다.

"영어는 늦게 하면 나중에 힘들어요. 저학년 때 영어를 해 놓아야 고학년에 가서는 수학공부할 시간을 마련할 수 있어요. 지금 영어 안하면 나중에 영어, 수학 같이 잡아야 하는데 그때 되면 너무 늦거든요. 어디 학원은 리딩이 강하고 어디 학원은 애들이 좋아하고..."

나는 듣고 싶지 않은데 너무 걱정된다는 등 가르치듯 이야기들을 한다. '사고력 학원은~ 미리 해두면 도움이 된다' 는 등 내 아이에 대해서 걱정들이 태산이라는 표정이다. 처음에는 "저는 책 많이 읽히고, 운동하며, 놀게 하는 게 중요하다고 생각해요. 영어는 제가 집에서 엄마표로 하고 있어요." 라며 일일이 대답했는데, 사실, 그 분들에게 내 이야기는 잘 들어오지 않는듯 해보여 친한 분들이 아니면, 길게 이야기 하지 않는다.

얼마전에는 도서관에 갔다가 전에 알던 분을 만났다. 너무 반가워 하면서 연락처 좀 알려줄 수 있냐고 물었다. 아들이 이제 7살 되는데, 사교육 아무것도 안 시키는데 사람들이 '왜 구립어린이집 같은 데를 보내냐!', 영어 유치원을 보내던가, 일반 유치원 보내지, 학원도 보내고 해야지, 왜 아무것도 안 가르치냐!' 등등 주변에서 너무들 말이 많아서 너무 스트레스 받는다고 한다. 사교육 안 시키는 엄마들이 주변에 없어서인지 나와 이야기를 좀 해보고 싶은 눈치였다. 약속이 있어 나중에 연락하기로 하고 돌아왔다. 나름의 교육관으로 육아하는 엄마들인데 애들 학원 안 보낸다는 이유로 이상한 엄마 취급 받는 게 참 속상하다. 그런 엄마들도 이게 맞는 것이라고 생각하다가도 주변에서 학원 안 보내면 애 큰일날 것처럼 말하니까, 결국 불안해서 또 학원을 보내게 되는 악순환...

이 학습지 안하면 큰일 날 것 같고, 이 학원 안 보내면 내 애만 성적 떨어질 것 같은 불안함. 엄마들 이라면 누구나 느꼈을 감정이다. 부모라면 지극히 정상적인 감정이다. 그런데 좋다고 하는 학원 다 보냈는데 결과는 어떤가? 몇 명의 아이들 빼고 그렇게 성적이 향상되는가? 주변에 학원 강사인 분들에게 물어보면 다들 이구동성으로 이야기를 한다. '열심히 하는 아이들은 따라오지만 아무리 잘 가르치려 해도 하고자 하는 의욕이 없는 아이들은 안 된다' 고. 다시 말해, 열심히 하는 아이들은 학교 수업도 열심히 듣는다. 학원에서도 안 하는 아이들은 학교에서도 안할 확률이 높다. '몇몇 학생을 빼고는 학원 전기세 내주러 간다.' 는 우스갯소리가 있다. 하지만 내 아이가 전기세 내러 가는 아이라면 웃고 넘어갈 문제는 아니다. 학원비도 비싼데 아이가 가서 열심히 하지 않는다면 굳이 그 비싼 돈을 전기세 내주러 갈 필요는 없다. 그 시간에 재능을 하나라도 더 찾아 키우는 게 더 올바른 방법이 아닐까?

학원은 필수가 아니라 양념정도로 생각해야 맞는 것 같다. 몸에 좋다고 이것저것 다 먹으면 체하듯이, 좋다는 학원 다 보낼게 아니라 아이에게 꼭 필요한 학원만 선별해서 보내는 것이 효과도 좋고 아이도 더 열심히 할 수 있다. 간혹 보면 그렇게 시켜도 다 따라가는 아이들이 있다. 놀랍게도 아이가 다 배우고 싶어 하고, 욕심이 있어서 하겠다고 하는 아이들도 있다. 이런 아이들은 소수의 정말 특별한 아이들이다. 하지만 그 외의 평범한 아이들은 그렇지 않다. 아이 그릇이 작은데 그 안에 계속 붓는다고 다 들어갈리 없다. 가령 아이 공부 그릇이 소주잔인데 너무 많은 양의 물을 부으면 다 밖으로 흘러버리지 차지 않는다. 아이들이 어릴수록 가장 중요한건 바로 '아이의 그릇을 키우는 것' 이라고 교육학자들은 말한다. 그 그릇을 키우는 가장 좋은 방법이 바로 독서라고 한다. 아이 안에 많이 채우려면 이 그릇부터 키워야 하는데 마음만 급해서 물만 쏟아 붓고 있는 건 아닌지!

사람은 생김새도 능력도 성격도 다 다르게 태어난다. 나는 친정아빠를 닮아 감수성이 풍부하고 언어 쪽 학문에 좀 더 강하다. 남동생은 수가 빠른 친정엄마를 닮아 언어 쪽 보다는 수학이나 과학 쪽에 강하다. 같은 뱃속에서 태어난 남매임에도 이렇게 다른데 우리 아이들은 얼마나 서로 다 다를까? 어떤 아이는 영어를 좋아하고, 어떤 아이는 수학을 좋아하고, 또 누구는 운동을 좋아하고, 그림 그리기를 좋아하는 아이도 있다. 또 성격에 따라 혼자 조용히 공부하는 게 맞는 아이가 있고 친구들과 경쟁하면서 하는 공부가 맞는 친구들이 있다. 이렇게 다른 아이들을 한 교실에 앉혀놓고 동일한 방법으로 가르치는 학원을 보내는 것이 과연 효과적일까 하는 의문을 가지지 않을 수 없다. 학교야 어쩔 수 없다지만 내 돈 주고 보내는 학원에서 그만큼의 효과를 얻을 수 없다면 다시 한번 생각해봐야 한다고 생각한다.

한 교실에 20명이 앉아있는 수학 학원이라고 생각해보자. 다들 실력이 다르다. 수업 내용을 다 아는 아이들도 있고, 그저 그런 아이들도 있고, 전혀 모르는 아이들도 있다. 다 아는 아이들은 굳이 그 수업에 앉아 있을 필요가 없다. 전혀 모르는 아이들은 어려워서 이해가 잘 안 될 수도 있다. 과외가 아닌 이상 그 아이 실력에 맞춤 수업을 할 수 없기 때문에 많은 아이들이 시간 대비 많은 손해를 보는 셈이다. 또, 학교 수업, 학원 선행학습, 그리고 복습 이렇게 늘 학원에서 해주기 때문에 애들은 수업 시간에 집중해서 듣지 않아도 '또 학원에서 해줄 텐데' 하면서 제대로 집중하지 않게 되는 경우들도 많다고 한다. 단 한번밖에 들을 기회가 없다면 오히려 집중할 수 있는 데, 여러 번의 배울 기회가 있음으로 나태해 지는 경우이다. 학원이라는 곳이 내 아이에게 생각보다 득이 적다면 다시 생각해볼 문제이다.

어려서부터 꾸준하게 읽은 독서로 배경지식을 풍부하게 만들어주고, 다양한 체험, 나들이로 많은걸 경험하게 해주는 것이 가장 중요하다. 딱딱한 책상에 앉아서 지루하게 하는 공부가 아닌, 정말 아이가 흥미를 가지고 공부에 임할 수 있게 만들어주는 방법은 이 두 가지가 최고인 것 같다. 뒤에 공부 잘하게 만드는 방법을 다시 한번 언급하려고 한다. 독서, 체험, 학습동기, 공부하는 습관을 들이는 것이 가장 중요하다. 어릴 때부터 독서와 체험으로 배경지식을 많이 쌓고, 초등학교 들어가서는 하루 이삼십분씩 이라도 꾸준하게 공부하는 습관을 들이게 만들고, 학습동기를 만들어 준다면 공부 잘하는 아이로 만들 수 있다고 많은 교육학자들이 말한다. 공부는 스스로 하는 거니까 너무나 당연한 이야기이다.

아이들이 학령기가 되면서 바람이 하나 생겼다. 아이들이 학원 아니어도 아이들 교육이 제대로 설수 있는 나라가 되었으면 좋겠다. 텅

텅 빈 놀이터가 아닌 아이들이 신나게 뛰어놀고 아이들이 해맑은 나라가 되었으면 좋겠다. 공부 스트레스에 학원에 치여 자살한다는 기사는 더 이상 존재하지 않았으면 좋겠다. 나처럼 독서와 체험으로 아이를 자유롭게 키우는 사람들이 많이 나와서 아이들이 살기 좋은 나라가 되었으면 좋겠다. 내가 지금 책을 쓰는 이유는 바로 많은 분들에게 이 좋은걸 알리고 싶어서이다. 그래서 우리 아이들과 함께 살아갈 아이들이 누구보다 행복한 학교생활을 했으면 좋겠다는 바람이 정말 간절하다. 학교가 친구들과 치열한 경쟁을 벌이는 곳이 아니라 각자의 꿈을 이루어가는 곳, 서로가 격려하고, 위로하며 함께 할 수 있는 좋은 벗들이 많은 곳이었으면 좋겠다. 그러려면 우리 부모들이 바뀌고 우리 교육제도가 많이 바뀌어가야 한다.

그런 미래를 꿈꾸며 오늘도 나는 아이들과 행복한 독서육아를 한다.

05

공감, 아이와 눈높이에
맞추어 소통하기

얼마 전 굉장히 화가 나는 일이 있었다. 전화로 상대방과 말싸움을 하고 전화를 끊고는 씩씩 거리고 있는데, 거실에서 듣고 있던 남편이 무슨 일이냐고 물었다. 평소 같았으면 다 이야기 했겠지만 그날은 말하고 싶지 않았다. 이유는 이야기하면 남편이 더 열을 내면서 가르치려 들게 뻔해서 기분이 더 나빠질 것이라는 걸 알기 때문이었다. 우리 부부는 그런 문제로 종종 싸운다.

"네가 속상해 하니까 내가 더 속상해서 해결방법을 알려 주고 싶은 거야!"
"내가 너를 사랑하지 않으면 이런 소리도 안 한다."

면서 남편이 오히려 더 열을 낸다.

그런데 나는 남편이 그러면 이상하게 더 화가 난다. 속상한 마음을 이해해 주는 게 아니라 내가 상황 대처를 제대로 못해 혼나는 것 같다.

"내가 언제 당신보고 해결해 달래?"
"내가 원하는 건 그냥 '속상 했겠다' 이 한마디면 된다고!"

하며 따지곤 한다.

이런 일은 지금도 매일 진행 중이다. 그런데 주변에 이야기를 들어보면 대부분의 남자들이 그런다고 한다. 상대방에게 문제가 생기면 그걸 꼭 해결해줘야 한다고 생각하는 것이 남자라고 어디선가 본적이 있다. 보통 여자들은 친구가 화 나거나 속상한 일이 있으면 그 기분을 공감해준다. 가령 상사한테 욕먹었다고 하면 "진짜 기분 나빴겠다. 무슨 그런 상사가 다 있어?" 이러면서 같이 욕을 해준다. 잘잘못을 가리거나 따지지는 않는다. 그렇게 상대방이 공감해 주면서 같이 실컷 이야기를 하고 나면 속이 좀 후련하기도 하고 누군가 나를 공감해 준다는 생각에 기분이 풀리기도 한다. 그런데 남자들은 본인들이 포청천인양, 잘잘못을 가리고 문제를 해결해 주려고 한다. 남자와 여자의 차이라고

들 많이 말한다. 나 역시 공감능력 제로, 맞고 왔는데 맞고 다닌다고 혼내는 식의 남편과 대면 할때면 정말 답답하고 상처받고는 했었다.

그냥 내가 속상하다고 말하면 '그래 속상 했겠다', '뭐 그런 사람이 다 있어?' 이렇게만 해줘도 기분이 풀릴 텐데... 이렇게 생각 하면서 남편을 이해하지 못 했었다. 그러던 어느 날 그렇게 투덜대면서 남편과 똑같은 모습을 하고 있는 내 모습을 발견하게 되었다. 아들이 6살 때인가? 아들이 자기가 평소 좋아하던 형들에게 사탕을 준다며 몇 개 챙겨서 태권도장을 갔다. 그런데 평소 친하지 않던 친구가 작은 자동차 장난감을 보여주면서 말했다.

"그 사탕 나 줘. 그러면 내가 이 장난감 줄게."

그 말을 듣고 아들이 장난감이 탐나 사탕을 줬는데, 그 친구는 장난감을 주지 않고 그냥 가버렸다. 달라고 하는데 그 친구는 내가 언제 그랬냐면서 안 주었다. 더 이상 달라고도 못하고 풀이 죽어 있는 아들을 보니 너무 속상했다. 맨날 친구들에게 저렇게 당하겠구나 생각을 하니 속에서 어찌나 열불이 나던지. 친구가 거짓말하고 사탕 가져갔는데, 돌려달라고 따지지도 못하냐고 잔소리 폭풍을 해댔다. 누구보다 속상했을 건 본인이었을 텐데...나도 누군가에게 속상한 일을 당했을 때 남편이 해결책을 이야기하며 뭐라고 하면 더 속상했는데 똑같이 그러고 있었다. 가만히 생각해보니 내 자식이기에 당하고 오는 게 속상해서 앞으로 그렇게 똑같이 당하지 않게 한다는 마음에 공감보다는 '이렇게 해라, 저렇게 해라!' 가르치기 일쑤였던 것이다. 분명 나는 내 아이가 너무 소중하고 그만큼 아끼기에 하나라도 대처하는 방법을 더 가르쳐 주고 싶었던 건데, 받아들이는 아이는 얼마나 더 속상하고 힘들었을지 생각하면 너무 미안하다.

남편이 공감 안 해주고 해결책을 다다다 제시했을 때, 그 나빴던 기분을 아이도 똑같이 느꼈을 거라 생각하니 정말이지 너무 미안하고 '내가 너무 잘못하고 있었구나!' 많이 후회했다. 사실 사람들 관계에서 나름 남의 말 잘 들어주고 공감 잘 해준다고 자부하며 살았는데 정작 내 소중한 아이들에게만은 아니었던 것이다. 혹시 여러분들도 나처럼 아이를 위한다고 아이의 감정에 공감하기보다 잔소리를 먼저 했던 건 아닌지?

지금은 아이 감정에 귀 기울이려 최대한 노력한다. 아이가 뭔가 일이 생기면 일단 그 감정을 인정해 주기로 했다. 예전에는 친구에게 당하고 오면

"친구가 널 때리면 하지 말라고 강하게 말해! 맞고도 가만히 있고 울면 그 친구가 앞으로도 널 또 때릴 수 있단 말이야. 엄마 말 알았지?"

라고 말했다면 지금은

"친구가 때려서 속상했겠네. 엄마도 너무 속상하다."

라고 공감해주고,

"그런데 그 친구가 어쩌다 너를 때렸어?"

하면서 상황을 물어본다. 전후 상황 다 듣고 나서는

"다음에는 어떻게 하면 좋을까?"

함께 이야기를 나누며 해결책을 찾는다. 아이가 감정의 공감을 받았기에 해결책을 제시해도 그 다음엔 기분 좋게 받아들이게 되는 것 같다. 한번은 엄마 말대로 하니까 문제가 해결되었다면서 신나게 와서 이야기했다.

'아~이게 바로 공감의 효과이구나!' 느꼈다. 아이와의 공감이 중요한 이유는, 부모 자식 간의 사이를 좋게 하는 것도 있지만, 아이의 자존감을 높일 수 있고 문제행동을 방지할 수 있다는데 있다. 부모에게 이해받고 공감 받는 아이는 자신이 소중하고 사랑받는 존재임을 깨닫게 되는 건 당연하다. 아이를 공감해주는 방법은

첫째, 아이 말을 끝까지 들어주기.

둘째, 아이의 나쁜 감정도 그대로 받아들여주기.

셋째, 네 감정을 충분히 이해하고 있다고 말이나 제스추어로 표현해주기.

넷째, 어떤 방법으로 해결하고 싶은지 아이의 의견을 묻고 제시하기.

예를 들어 보자. 아이가 친구랑 싸우고 집에 돌아 왔다. 씩씩거리며 분해하는 모습을 보고

엄마 : 00야, 기분이 안 좋아 보이는구나. 무슨 일 있었어?

아이 : 어~엄마, 집에 오는데 같은 반 친구가 발을 걸어서 넘어졌거든. 그래서 화나서 나도 발을 걸었거든. 자기가 먼저 발 걸었는데 막 나한테 뭐라 하는 거야. 그래서 싸웠어.

엄마 : 아 그랬구나. 우리 00이 너무 놀라고 속상 했겠네. 어디 다친 데는 없어?

아이 : 응 엄마, 살짝 넘어져서 까졌는데 많이 아프지는 않아.

엄마 : 그래 어디보자. 그래도 살짝 까졌네. 약 바르고 밴드 붙이자.

엄마 : 우리 ○○ 어떻게 하면 기분이 좀 풀릴까?
　　　다음엔 그런 일이 생겼을 때 어떻게 하면 좋을까?
　　　다음에 그 친구가 또 그러면 넌 어떻게 하고 싶어?

이런 방법으로 많이 공감 해주고 속상한 상황을 해결할 수 있는 대안이나 방법을 찾도록 도와주면 된다. 예전에는 바로 해결책을 제시해 주었다면 지금은 상황을 들어보고, 아이와 함께 해결책을 생각하고 함께 방법을 찾아서인지 같은 상황이 왔을 때 좀 더 적극적으로 해결하려고 하는 것 같다.

부모라서 누구보다 자식을 사랑하기에, 해결해 줘야한다고 생각했는데 요즘은 그게 아님을 많이 배우고 있다. 육아는 계속 배워야 하는 것 같다.

06

책과 함께 병행하는 직접체험

　　독서육아 라고 말하면, 흔히들 '집에서 책만 죽어라 읽히는 것인가 보다' 라고 생각한다. 전혀 그렇지 않다. 간혹 아이에게 과도하게 책을 강요하고 하루 종일 놀지도 못하게 하면서 책을 읽게 하는 분들을 볼 수 있다. 어려서부터 과도하게 책을 읽은 아이들은 초독서증에 걸리기 쉽다고 한다. 요즘 초독서증으로 정신과를 찾는 아이들이 많다고 한다.

　　초독서증이란 지나치게 책에 몰두함으로써 많은 사람들과 함께 놀면서 사회성을 배워야 할 유아들이 다른 사람들과의 소통을 거부하고 자신만의 세계에 틀어박히는 '자폐성향' 이 생기는 증상을 말한다. 어린 시절에 책에 너무 빠져있다고 무조건 좋아할 것이 아니라는 거다.

《엄마 아빠, 딱 10분만 놀아요》의 저자 노은혜 언어치료사는 말한다.

"초독서증이 엄마들 사이에서 굉장히 큰 이슈가 되고 있다. 책을 좋아해서 책을 많이 사주고 읽혔더니 초독서증 진단을 받았다는 엄마들의 사례가 많이 들린다. 초독서증이란 과다한 문자 자극으로 뇌 불균형을 초래해 언어, 사회성, 정서에 문제가 생기는 현상을 말한다. 증상들이 자폐증과 비슷해 유사자폐로 분류되기도 한다. 한 가지 자극에만 편중해 감각을 추구하다 보니 감각자극의 불균형과 함께 아이 발달에서 가장 중요한 엄마와 정서적인 관계에 결핍이 생겨 이러한 증상을 보이게 된다. 만 3세 이전 아이들의 어휘력을 높이기 위해서는 오감을 자극하는 언어자극이 아이가 혼자 읽는 많은 책보다 효과적이다. 유념해야 할 사항은 오감 자극이 상호작용할 수 있는 부모와 함께여야 한다는 것이다. 부모와 함께 재미있게 만지고, 보고, 들으며 이야기를 주고 받을 때 아이들은 한 가지 어휘를 다양한 측면에서 생각할 수 있게 된다.

함께 상호작용하는 즐거움 속에서 한 가지의 개념을 자연스럽게 다양한 의미로 파생시켜 나간다면 언어발달은 물론 사고력과 창의성을 촉진하는 어휘력 학습이 이뤄질 것이다."

즉, 독서 교육할 때 가장 중요한 것은 골고루 균형 있게 자극을 주는 것이다. 엄마와 함께 눈 맞추고 이야기하고 놀고, 엄마 품에 앉아서 적당하게 읽는 책읽기가 가장 이상적이다. 책을 많이 읽는 것이 중요한 것이 아니라 책을 보며 엄마와 다양한 이야기를 나눌 수 있는 시간을 가지는 것과 다양한 것을 직접 보고 느끼는 것이 더 중요하다.

아이 교육에 정말 관심 없는 엄마였던지라 독서육아 해야지 하면서 처음에는 굉장히 책 권수에 연연했었다. 다른 아이들은 더 어릴 때부터 책을 읽었다는데, 우리 아이들이 너무 뒤처진 것 같아 조바심도 생겼다. 하지만, 중요한건 책을 좋아하는 아이로 만드는 것과 다양한 것을 체험하는 것이라 생각해, 더 이상 많은 권수에 연연하지 않기로 했다.

사실 책보다도 체험이 더 중요하다. 아무리 책으로 보고 말로 들어도 한번 직접 보고 느낀 것만 못하다. 하지만 여러가지 제약으로 모든 걸 직접 경험해 볼 수는 없다. 그래서 책을 통해 간접경험을 해보는 것이다. 우리 아이들은 평일에는 하교 후 독서 30분 정도를 기본으로 하고 나머지는 자유롭게 활동한다. 보고 싶은 책이 더 있으면 읽어도 되고 안 읽어도 그만이다. 더 많이 읽어라 마라 하지 않는다. 책 읽기가 습관이 되어있고 학습위주의 사교육을 받고 있지 않기 때문에 아이들이 책 읽기에 크게 거부감이 없는 것 같다. 다른 학원, 학습지에 치이는데 책까지 읽으라고 했다면 아마도 아이들이 책 읽기를 싫어할 수도 있었을 것 같다.

평일에는 꾸준히 30분정도 책읽기를 하고 주말에는 될 수 있으면 나들이, 체험학습을 많이 가려 한다. 날이 좋아 나들이하기 좋은 봄, 가을에는 주로 근처 공원에서 돗자리 펴고 하루 종일 놀다오고 여름에는 캠핑, 겨울에는 실내에서 하는 체험 프로그램에 참여하거나 박물관, 과학관등을 다닌다. 틈틈이 도서관도 간다. 주말에는 여기 저기 다니니 아이들이 좋아하고, 아이들과 체험을 통해 많이 놀면서 많이 보고 느끼고 체험해보기에 힘들어도 주말이면 무조건 집을 나서려고 한다.

이렇게 돌아다니는데 많은 돈이 든다고 생각하는 분들도 있다. 하지만 잘 찾아보면 무료로 이용할 수 있는 곳도 참 많다. 그런 곳에 가서 둘러보고 나와서 돗자리 펴고 김밥이나 컵라면 정도 먹어도 충분히 훌륭한 나들이가 될 수 있다. 학습지나 학원 한두개만 줄여도 주말마다 아이들이랑 충분히 체험학습 다닐 수 있는 비용이 생긴다. 초등학교 저학년, 어린아이들 일수록 앉아서 하는 학습 위주의 사교육보다는 엄마, 아빠 손잡고 이렇게 즐겁게 체험해 보러 다니는 것이 중요하다.

즐겁게 본 것들이 책에 나오면 얼마나 반갑고 좋을까? 책에서 본 것들을 또 직접 보게 되면 또 얼마나 신날까? 그렇게 독서와 체험이 잘 어우러졌을 때 우리 아이들은 누구보다도 많은 것에 호기심을 가지고 책도 좋아하는 아이가 되어 갈 것이다.

우리 아들은 작년초에 도서관에서 WHY 시리즈 중 '똥' 책을 보고는 완전 WHY책에 빠졌다. 너무 좋아해서 바로 과학시리즈 전집을 사줬더니 정말 재미있게 보았다. 학습만화라 안 좋다고 하는 사람들도 있지만 다른 책들과 같이 보기 때문에 나는 상관하지 않았다. 방과 후 수업으로 과학실험과 생명과학을 듣게 되었는데 책에서 본 것들이 수업시간에 나온다면서 너무 재미있어했다. 책에서 본 것을 배운 날은 책을 꺼내 보여주면서 어찌나 좋아하는지.

책에서 본 내용이, 그리고 엄마, 아빠 손잡고 함께 갔던 과학관, 박물관에서 봤던 것들이 학교 수업시간에 나온다면 아이는 얼마나 그 시간이 즐겁고 신날까?

책을 좋아하는 아이로 만들고 아이가 공부를 재미있게 하길 원한다면 난 무조건 아이들과 여기저기 많이 다녀보라고 권하고 싶다. 그렇게 부모와 함께 한 시간이 많은 아이들이라면 공부도 잘할 확률이 높지만 정서적으로도 굉장히 안정적인 아이로 클 수 있다. 부모와 소통이 잘되는 아이들은 사춘기도 무난하게 넘긴다고 하니 여러 측면에서 너무 좋은 방법 아닌가?

도시에 살다보니 아이들이 자연을 접할 기회가 많이 없다. 외갓집이나 친가집이 시골인 아이들을 보면 참 부럽기까지 하다. 우연하게 동서네가 캠핑을 시작해서 따라다니기 시작했다. 처음엔 텐트 치고, 걷고, 씻는 것 등등 너무 불편했는데 점점 자연이 주는 매력에 빠져들게 되었다. 처음엔 '왜 내 돈 주고 이 고생을 하는 거지? 펜션 같은 깔끔한 실내가 좋은데!' 라며 투덜댔는데 지금은 그 누구보다 좋아한다. 풀내음 가득한 상쾌한 공기가 주는 신선함, 여기저기 들리는 풀벌레 소리, 그리고 푸르른 나무의 상쾌함... 그 안에서 내 사랑하는 가족과 함께 하는 시간은 정말 너무 좋다. 아이들도 빌딩숲을 벗어나 자연에서 맘껏 뒹굴며 신나게 노는 모습이 어찌나 보기 좋은지! 잠자리, 매미, 각종 벌레도 가까이에서 보고, 계곡에서 송사리도 잡아보고...!

풀벌레 소리 들으며 텐트에서 자는 잠도 정말 너무 좋다. 요즘 힐링이 대세인데 이렇게 자연 속에서 캠핑을 하고 나면 쌓였던 스트레스가 다 풀리는 기분!

캠핑의 또 좋은 점은 각지의 사람들과도 친해질 수 있다는 거다. 지난 여름휴가에는 3박 4일로 강원도로 캠핑을 갔는데 주변에 우리아이들 또래가 많았다. 아이들이 어울려 물총놀이도 하고, 같이 노래도 부르고, 저녁엔 한 분이 야외에 스크린을 설치하고 아이들만의 심야극장을 만들어주셨다. 아이들이 같이 모여 영화도 보고 맛있는 것도 나눠 먹으며 정말 즐거운 시간을 보냈다. 요즘 아이들은 동네 아이들만 보면서 커가기 마련이다. 하지만 이렇게 다른 곳에 사는 친구들과 어울리는 시간을 갖는 것도 아이들에게 참 좋은 것 같다.

우리부부는 아이들을 데리고 국내여행만 다녔다. 해외여행은 자주 가는 건 아니지만 아이들 비행시간이 길어 우리 부부만 다녔다. 아이들이 어느 날은 친구들은 다 외국 다녀왔는데 엄마, 아빠는 왜 우리는 안 데리고 다니냐며 나도 외국 가보고 싶다고 했다. 그래서 어디를 갈까 하다가 가까운 일본을 가기로 했다. 남편 회사 사정상 휴가를 길게 내기는 힘들어 짧게 다녀올 수 있는 곳이어야 했고, 비행시간도 짧고, 또한 자유여행으로 가려면, 말이 통하는 곳이여야 했기에 일본으로 결정했다.

아이들에게 해외여행은 처음이라 일본문화에 대해 알려주고 싶어 료칸도 예약하고 온천 탐방도 하기로 했다. 음식도 소문난 맛집이 아

중미산 캠핑장에서

태백 캠핑장에서

아이들에게 자연은 선물이다.

닌 현지인들이 가는 동네 밥집을 찾아다녔다. 유명한 곳을 구경 다니기도 했지만, 틈틈이 아이들이 놀이터에서 일본 아이들과 함께 어울려 놀수 있게도 해주었다.

예전에는 여행을 '나도 여기 갔다 왔다' 이야기 할 수 있으면 된 거라고 생각했다. 제대로 둘러보지도 않고 사진만 찍고는 '사진 찍었으니 다음 코스로 가자' 이런 여행이었다. 생각해보니 이건 '나도 거기 가봤다' 자랑하기 위한 여행이다. 그런데 지금은 그런 여행보다는 하나를 보더라도 제대로 보고 뭔가 하나라도 느끼는 여행이 되기를 바란다.

일본 여행 중 한 식당에서 식사를 하다가 혼자 자유여행 온 남자 대학생을 만났다. 학기 중이라 길게는 못 오고 열흘정도 일본여행을 왔다고 했다. 일본어를 유창하게 잘 하지는 않았지만 의사소통에는 전혀 문제가 없고 모르는 사람에게도 스스럼없이 대화를 먼저 건네는 모습이 참 인상적이었다. 그 대학생은 일본 뿐 아니라, 여러 나라를 여행 다니고 다양한 사람들을 만나 대화도 나눌 기회를 가질 것이다. 그러면서 다른 사람들에 비해 얼마나 세상을 보는 눈이 커지고, 다양한 시각을 가지게 될까? 우리 아이들도 그 대학생처럼 키우고 싶다는 생각을 했다.

아이들이 라면을 좋아해서 일본 마트에서 컵라면을 종류별로 사와 숙소에서 다 같이 먹었다. 우리나라 컵라면 용기와 크기는 같은데 안에 면은 양이 훨씬 많았다. 스프가 우리나라처럼 봉지에 들어있지 않고 면에 섞여서 들어있었다. 항상 컵라면 먹을 때마다 스프 뜯는 것도 귀찮고 쓰레기도 너무 많이 나온다고 생각했는데 일본 컵라면을 보니 너무 편하고 좋다는 생각이 들었다. 유통기한도 우리나라보다 짧아 방부제도 덜 들어있지 않을까 생각했다.

아주 사소한 것이지만 같은 컵라면도 우리나라와 일본이 이렇게 다른데 좋은 점은 우리 나라 기업에서 따라했으면 좋겠다는 생각을 했다. 다양한 곳을 여행 다니다 보면 이런 좋은 것들을 접하게 되고 아이들이 커서 뭔가를 하고자 할 때, 좀 더 다양한 시각으로 사물을 대하고 보는 시야가 커질 거라 생각한다.

여행은 '나도 거기 가봤다'로 끝낼 것이 아니라 뭔가 생각하고, 깨닫고, 배우는 좋은 기회로 삼는것이 중요하다. 우리 아이들이 앞으로도 많은 곳을 여행 다니며 많은걸 보고 느끼게 되었으면 좋겠다.

07

책을 좋아하는 아이들로 만들자

아마도 많은 분들이 '어떻게 해야 우리 아이가 책을 좋아할까?' 생각할 것이다. 책 좋은 건 다 아는데, 애가 책을 안 읽으니 고민이라고 말이다. 그런 부모들에게 질문을 하나 하고 싶다.

"아이들 말고 부모님은 책을 얼마나 읽으시나요?"

필자가 이 질문을 하는 이유는 책을 좋아하고 잘 읽는 아이들은 대부분 부모님이 책을 보는 가정에서 자라난 경우가 많기 때문이다. 아이를 책 좋아하게 만들려면,

첫째, 부모가 책을 읽는 것이다. 아이들을 키우면서 가장 중요하다

고 느끼는 것이 바로 환경이다. 아이들은 스폰지 같아서 주변 환경에 굉장히 민감하게 반응한다. 특히 어릴수록 가정환경으로 책을 좋아하는 아이도 만들 수 있고 아닌 아이들로 키울 수도 있다. 아이들은 부모의 등을 보고 배운다고 한다. 부모 모습을 고대로 모방하며 크는 게 아이들이다. 확률적으로 책을 많이 읽는 직업을 가진 분들의 자녀들은 자연스럽게 책을 좋아하고 학업도 우수한 경우가 많다고 한다. 늘 책을 봐야 하는 직업이라 의도치 않게 아이들 앞에서 책을 보았는데, 아이들은 그 모습을 보면서 자연스럽게 책 읽는 아이들로 크게 되었다고 한다.

내 친척 동생도 부모님이 모두 교사이시다. 어릴 적에 놀러 가면 동생은 항상 책을 읽고 있었다. 내가 본 집중 가장 집에 책이 많았던 걸로 기억한다. 나와는 다르게 '저 애는 무슨 책을 저리 맨날 읽을까? 재미있나?' 속으로 의아한 생각도 많이 했었다. 늘 그렇게 책을 읽더니 매번 전교 1등을해 결국 서울대 의대 진학을 하고는 지금 의사가 되었다. 물론 책을 좋아하고 많이 읽는다고 다 전교 1등하고 서울대 가는 건 아니지만 주변에 이런 많은 사례를 볼 수 있다.

우리 부부도 처음부터 책을 읽은 건 아니다. 내가 먼저 아이들 육아 때문에 육아서부터 읽기 시작했다. 남편에게 틈틈이 육아서에서 읽은 좋은 내용들을 알려주었다. 그러다 보니 많이는 아니지만 가끔은 남편이 육아서를 읽기도 한다. 그렇게 우리 부부는 육아에 대해 함께 공유하며 배워나갔다. 지금은 자기계발서, 재테크책 등 분야를 넓혀 함께 책을 읽는다.

예전에 남편이 퇴근 후에 집에 오면 핸드폰 게임을 하길래 '부모의 책 읽는 모습이 중요하다. 아이들은 보는 대로 따라한다. 부모가 게임하면 아이들도 게임하는 아이들로 큰다.'는 협박 아닌 협박을 했다. 남편이 아이들이 신경 쓰였는지 처음에는 아이들이 볼까봐 책을 펼쳐 놓고 몰래 핸드폰 게임을 했다. 아이들이 점점 눈치를 채자 정말 책을 보기 시작했다. 지금은 우리가족 모두 함께 책을 본다.

엄마, 아빠는 게임하고 TV 보면서 책 읽으라고 하면 책 보고 싶은 아이들이 있을까? 같이 게임하고 싶고 같이 TV 보고 싶은 건 당연하다. 아이들을 위해서 아이들 있는 시간만큼은 함께 책 읽는 건 어떨까? 아니면 아이들이 보고 있을 때 읽는 척이라도 하는 노력은 기울여야한다.

책을 좋아하는 아이를 만드는 두 번째 방법은 여기 저기 눈에 띄는 곳에 책을 두는 것이다.

책으로 만든 길

책이 곧 장난감

우리 집의 경우 독서 육아를 본격적으로 하기 전에는 집에 책이 많이 없었다. 그 책도 잠잘 때만 들어가는 침실 한편에 두었다. 아이들이 밤에는 자기 싫으니까 책을 읽어달라고 가져오긴 했지만 낮에는 절대 책 읽어달라고 하지 않았다. 그런데 많은 분들이 아이들이 제일 활동을 많이 하는 곳인 거실에 책장을 두고 여기저기 책을 두었더니 아이들이 어느 순간 보면 책을 보더란다. 나도 야심차게 나름의 거실서재를 만들었다. 거실에, 화장실에 그리고 식탁 옆에 아이들 왔다 갔다 하는 곳에 책장을 사서 배치하고 책을 구입하기 시작했다. 일부러 책을 꺼내 소파 위나 바닥에 꺼내놓기도 했다. 그랬더니 놀라운 변화가 생겼다.

아이들이 책으로 기차도 만들고 다양한 놀이도 하다가, 책을 펼쳐보기 시작했다. 한글을 모르니 그림만 보기도 하고, 읽어달라고 하기도 하고, 화장실에서 용변을 볼 때는 옆에 둔 책을 꺼내서 보기도 하고, 밥 먹을 때 옆에 책이 보이니 읽어달라고 했다! 그렇게 한 권 두 권 놀면서 짬짬이 읽어주니 하루 10권 20권은 우습게 보게 되었다. 물론 아이들 책은 글씨는 별로 없고 그림이 많아서 시간은 10분, 20분도 걸리지 않았다. 그렇게 놀면서 하나 둘 읽게 되고 잠자리 독서로 매일 매일 읽으면서 몇 년이 지나니, 아이들 읽은 책을 수로 따져보면 정말 어마어마하다. 책을 읽혀야지 하면서 억지로 읽히지도 않았고, 아이들도

책을 장난감 처럼 놀면서 본다.

책읽기가 놀이의 한 부분인 듯 인식하며 자연스럽게 되었다.

대신 주의할 점은 엄마가 책을 강요해선 안 된다는 것이다. 아이가 아기 때 책을 물고, 빨고, 찢는다 해도 아이에게 처음에 책은 장난감 같은 존재여야 한다. 물론 함부로 해도 상관없다는 이야기는 아니지만 '책은 얌전히 봐야지, 조심히 봐야지' 라고 부모가 이야기 한다면 아이에게 책은 장난감이 아니라 불편하고 조심해야할 물건이 되어버린다. 장난감처럼 가지고 놀던 책속에 다양한 그림과 이야기가 나온다는 걸 아이들이 알게 되면 그 얼마나 최고의 장난감이 될까? 이렇게 조금씩 책과 친해지게 만들어 주는 것이 중요하다.

세 번째는 관심 있는 영역의 책을 사주는 것이다. 아이들마다 다 좋아하는 것이 다르다. 남자아이들의 경우 공룡이나 자동차를 참 좋아한다. 여자 아이들은 공주를 좋아한다. 평소 책을 좋아하지 않는 아이들이라도 본인이 좋아하는 것이 책에 나오면 흥미를 보이게 마련이다. 얼마 전 도서관에서 책을 읽고 있는데 5살쯤 되어 보이는 남자 아이가 오더니 사서선생님께 "공룡 책 다 찾아주세요."라고 말했다. 사서선생님께서 정말 좋은 분이서서, 유아 도서실에 있는 공룡 책을 다 찾아주셨는데 어찌나 신나 하면서 보는지! 옆에서 아무리 시끄럽게 굴어도 고개 한번 돌리지 않고 보는 집중력에 정말 감탄했다. 그 아이처럼 아이들은 좋아하는 것은 몇 시간이고 집중해서 볼 수 있다. 어른과 마찬가지이다. 모든 사람은 본인이 좋아하고 관심 있는 일을 할 때는 시간 가는 줄도 모르니까 말이다.

그 공룡을 좋아하는 아이는 평소 다른 책을 읽지 않는 아이라 하더라도 공룡 책이나 다큐를 많이 보여주고 박물관등을 열심히 데리고 다니면 된다. 굳이 책을 읽혀야 하니 아이가 관심 없는 다른 영역의 책을 강요할 필요는 없다. 공룡에 대해서 누구보다 잘 아는 아이가 되는 것도 나쁘지 않다. 그렇게 충분하게 아이가 공룡에 대해 알 수 있게 해주면 자연스럽게 또 다른 분야에도 관심을 가지게 마련이다. 그런데 너무 공룡 책만 보는 게 걱정이라면 중간 중간 다른 분야의 책도 관심 가질 수 있게 부모가 전략적으로 이끌어 주면 된다. 공룡 책들 사이에 다른 책을 슬쩍 끼워서 넣어본다던지, 바닥에 흘려 놓는다든지. 아이가 뭐에 관심이 있는지 항상 주의 깊게 지켜보다가 아이가 뭔가에 관심을 가지고 좋아한다 싶을 때 그 부분의 책을 또 보여주면 된다. 그렇게 하나씩 순차적으로 넓혀 가면 되는 것이다.

네 번째 방법은 도서관이나 서점 자주 가기이다.

맹모는 맹자의 교육을 위해 이사를 세 번이나 했다고 한다. 처음 살았던 곳이 공동묘지 근처라 맹자가 곡을 하고 장사지내는 놀이를 하며 노는 모습을 보고 안 되겠다 싶어 이사를 했다. 이사한 곳은 시장근처였다. 맹자는 물건을 사고 파는 장사꾼 흉내를 내면서 놀았다. 이것도 안 되겠다 싶어 서당 근처로 이사를 갔더니, 맹자가 공부놀이를 하는 모습을 보고 따라했다. 결국 환경을 만들어주어 자연스럽게 교육을 시켜 성공시켰다는 이야기이다. 아이들에게 주변 환경이 얼마나 중요한지를 보여주는 이야기이다.

나도 아이들에게 많은 사람들의 책 읽는 모습을 보여주고 싶었다. 그래서 주말이면 아이들과 함께 도서관에 다녔다. 주말이면 잠깐이라도 들러서 몇 권 읽어주고 나들이를 가곤 했다. 서점에도 종종 데리고 가서 아이들이 사고 싶어 하는 책을 사주기도 했다. 아이들은 선물이라고 생각해 너무 좋아했다. 이사를 하게 되었을 때 이왕이면 도서관 가까이 집을 구하려고 노력했고 아이들 어린이집도 도서관 아래에 있는 곳으로 결정을 했다. 어린이집이 끝나면 매일 위에 있는 도서관에 가서 책을 읽었다. 어린이집 위에 위치하고 있어 친구들도 많이 왔다. 놀면서 책 읽으면서 아이들에게 도서관은 즐거운 곳, 놀이터처럼 가는 곳으로 되어갔다. 우리 아이들에게 책은 누구나 읽는 것, 재미있는 것이 되었다.

어느 날 내가 소파에 앉아 책을 읽고 있는데 딸이 "엄마는 우리 없을 때 뭐하고 놀아? 엄마는 장난감 없잖아."라고 물었다. 그래서 "응,

엄마는 책이 장난감이야. 책이 참 재밌거든." 이라고 대답을 했다. 얼마 전에는 아들이 책을 읽다가 "엄마 내 책도 장난감이야" 라고 했다. 그래서 "왜 장난감인데?" 하고 물으니 "어! 재밌으니까 장난감이지!" 라고 했다. 어찌나 흐뭇 하던지!

앞으로도 쭉 우리 아이들에게 책이 장난감처럼 재미있는 것이 되었으면 좋겠다.

08

공부 잘하는 아이로 만드는 법

우리 아이들은 좋든 싫든 일정기간 동안 학교라는 울타리 안에서 공부를 해야 한다. 대학을 가기 위해서는 더욱 더 공부를 열심히 해야 한다. 모두 다 공부를 잘할 수는 없지만 이왕이면 아이 본분이 학생이니 공부를 잘하는 게 여러모로 유리하다. 그러면 모든 부모들의 바람인 공부 잘하는 아이로 만드는 방법은 어떤 것들이 있을까? 한국 부모교육센터 이동순 소장은 공부 잘하게 만드는 방법으로 4가지를 들었다.

1. 성취동기 만들어주기
2. 다양한 경험하게 해주기
3. 독서하는 습관 만들어주기

4. 공부하는 습관들이기

첫째는 성취동기를 만들어주어야 한다.

우선 아이가 공부를 하고자 하는 학습동기가 필요하다. 학습 동기는 자아 존중감, 자기믿음에서 나온다. 누군가가 나를 좋아해줄 때 의욕이 생긴다고 한다. 스킨십, 공감, 놀이를 통해 부모의 사랑이 전달되니 충분히 사랑받고 있다고 느낄 수 있도록 해주는 것이 중요하다. 생각해보면 나도 사랑받는다고 느낄 때 항상 활기 넘치고 의욕이 넘치는 것 같다. 반대로 내가 미움 받는다 생각하면 자신감도 없어지고 의욕도 떨어진다.

두 번째는 다양한 경험이 필요하다.

아이가 하고자 하는 탐험을 충분히 허용해줘야 한다. 나도 아이들 어릴 때는 정말 이것도 위험해서 안 되고, 저건 어질러지니 안 되고, 아이들이 뭔가 하려고 하면 제지시키기 바빴던 것 같다. 예전에 '영재의 비법'이라는 프로그램에서 영재들의 부모님 행동을 유심히 봤더니, 뭐든 아이들이 하고자 하는건 허용해 주었다. 나로써는 도저히 용납 못했던 위험하진 않아도 어지르는 행동들조차도 허용해주는 부모님들을 보고 반성했다. 여러 탐험으로 인해 아이들 감각이 발달하고, 영재가 되었을 확률이 크다고 한다. 이동순 소장은 아이와 함께 여행도 많이 가고, 마라톤도 해보고, 산에도 가고, 농촌에서 살아도 보라고 말한다. 그 만큼 경험이 많은 아이는 많은 것을 보고 느끼기에 공부를 잘할 확률이 높을 수밖에 없다.

세 번째는 독서, 즉 책 읽는 습관을 들이는 것이다.

책을 많이 읽은 아이들은 어휘력이 뛰어나며 문제를 이해하는 속도가 빠르다. 같은 학년이라 하더라도 어휘력이 뛰어난 아이와 부족한 아이가 수업을 같이 듣는다면 어휘력이 뛰어난 아이가 수업을 쉽게 느끼는 것은 너무 당연한 일이다. 우리 어른들도 모르는 어휘가 많을수록 내용을 이해하기 힘든 것처럼! 아는 단어가 많아 이해를 잘 할수록 당연히 더 쉽게 공부를 잘 할 수 있게 된다. 어떤 사람은 영어유치원을 나온 아이들은 또래에 비해 영어를 잘할 수는 있지만 어휘력이 부족해 초등학교 입학 후 공부를 잘 못하는 경우가 많아 후회하는 학부모들도 많다고 한다. 아무래도 영어유치원에서는 영어책을 보고 영어권 나라의 문화에 대한 수업을 하니 충분히 그럴 수 있을 것 같다. 영어유치원에 보내는 아이에게는 우리나라 문화나 이야깃거리가 많은 한글 동화책을 많이 읽어주면서 보충해 주는 것이 좋을 것 같다.

독서는 어휘력을 향상시켜 줄뿐 아니라 다양한 분야의 지식을 쉽고 빠르게 얻을 수 있고 언어와 친숙해지기 때문에 글쓰기 실력도 향상된다. 직접 경험하기 어려운 경험을 해볼 수도 있다. 또한 독서를 통해 자연스레 많은 이야기를 접하게 되고 많은 생각을 하게 되어 새로운 시각으로 세상을 볼 수 있으니 창의력과 사고력 또한 향상된다. 꾸준한 독서습관으로 집중력 또한 높아지게 마련이다.

열거한 독서의 효과만 봐도 독서를 많이 한 아이들이 공부를 수월하게 잘 할 확률이 크다는 사실을 알 수 있다. 나는 어렸을 때 집에 책이 많지 않았고 책을 많이 읽지도 않았었다. 확실히 우리 아이들과 내 어릴 때를 비교해보면 어휘 수준에 엄청난 차이가 난다는 걸 느낀다. 다양한 지식은 물론 어휘수준이 확실히 다르다고 할까? 이제 2학년이 된 아들은 사교육은 받지 않았어도 그림일기를 쓰거나 독서록을 작성할 때도 어려워하지 않고 수업도 곧잘 따라가는 이유가 바로 꾸준한 독서 덕분이 아니었을까?

네 번째는 공부하는 습관 들이기이다.

아무리 머리가 좋은 아이라 해도 공부하는 습관을 들이지 않으면 공부를 잘하기란 쉽지 않다. 초등학교 저학년인 경우 30분에서 1시간 정도는 앉아서 공부하는 습관을 들이는 게 중요하다. 그 시간만큼은 집중해서 숙제나 복습을 하도록 지도하는 것이 좋다. 이런 공부습관은 학원을 보낸다고 생기는 게 아니다. 대부분의 부모님들이 '학원가면 당연히 공부해 오겠지' 라고 생각 하지만 절대 하고자 하는 마음이 없는 아이는 학원에서도 멍하니 있다 온다는 것을 알아야 한다. 스스로 공부하는 습관을 들이지 않은 아이들은 커갈수록 더욱 스스로 하지 못하는 아이들로 클 수 있다.

노규식 박사는 《공부는 감정이다》에서 어머님들의 불안으로 초등학교 1학년생에게 이것도 시키고 저것도 시키다 4학년이 되었을 때 그 나이에 갖춰야 할 사고의 힘, 문제를 해결하는 힘을 갖추지 못하게 되면 공부에 지게 된다고 말한다.

"어머님의 불안감을 잠재우려는 목적으로 '학원에 발 담그기'를 하다 보면 아이가 대학에 들어갈 때까지 어머니 손에서 자녀의 공부는 떠날 수 없습니다. 아이가 처음 공부라는 것을 한순간부터 엄마에 의해, 엄마를 위한, 엄마의 공부로 시작했기에 마칠 때까지 엄마에 의한 공부를 할 수밖에 없기 때문입니다. 저는 우스갯 소리로 '엄마의 열차'라고 표현합니다."

노규식 박사 역시 1남 1녀를 둔 학부모이다. 노규식 박사 역시 불안하지만 선행학습을 시키지 않고 자녀의 공부를 서두르지 않는 이유는 지난 10년 동안 대치동에서 학습 클리닉을 하면서 그렇게 해서 망친 사례를 차고 넘치도록 봤기 때문이라고 한다.

"공부에 대해 부모가 주도권을 쥐는 순간 아이는 손에서 공부를 놓게 된다."고 강조한다. 이 역시 공부의 주도권은 아이가 쥐어야 함을 의미한다. 초등학교 때까지는 부모가 아이 공부를 얼마나 시키느냐에 따라 아이 성적이 달라진다. 야단치고 협박하면 아이들은 부모가 무서워 공부를 한다. 하지만 중학생이 되면 이야기가 달라진다. 사춘기가 되면 아이들은 마음속의 불만을 표출하기 시작하기 때문에, 아이가 부모에게 불만이 많을수록 사춘기를 심하게 겪는다고 한다.

노규식 박사는 아이와 부모의 관계는 학업과 인과관계가 있다고 한다. 아이와 사춘기 때 덜 부딪치면서 공부시키려면 부모와의 관계가 좋아야 한다고 강조한다. 그래서 초등학교 때까지는 성적보다는 아이와의 관계를 잘 만드는 것이 그 어느 것보다 중요하다. 학습 동기는 부모와의 관계에서 굉장히 중요한 역할을 한다. 많은 사회심리학자들이 아이가 부모에게 존중을 받으면 사회에서 관계를 잘 맺을 뿐 아니라 공부도 잘 할 수 있다고 말한다.

초등 저학년 때부터 많은 학원을 보내 아이들이 많은 것을 배우게 하기 보다는 짧은 시간이라도 스스로 공부하는 습관을 들이고, 부모와의 관계를 돈독하게 해 놓아야 아이가 정말 공부에 박차를 가할 때 제대로 할 수 있지 않을까? 아이와 대화할 시간도 없다면 학원 한 두개 정도는 줄이고, 아이와 함께 책을 읽고, 대화하는 시간을 가져 보는 건 어떨까? 아이의 공부는 100미터 달리기가 아니라 장거리 마라톤임을 늘 잊지 말아야 한다!

〈제 3 장〉
성공적인 독서육아 방법

아이들은 부모를 보고 자란다. 인정하고 싶지 않지만 아이들은 내 모습 그대로를 따라하며 배운다. 돈으로 많은 것을 해결할 수 있지만 아이들 교육만은 돈으로 해결하기 힘들다. 물론 단기간의 성적 향상은 기대할 수 있다. 하지만 내 아이가 평생 살아가는 힘을 배우길 바란다면 방법을 달리해야 한다. 부모의 노력 여하로 아이들은 충분히 변할 수 있다. 아이들이 독서를 하게 만들고 싶다면 부모인 나부터 책을 들어야 한다. 아이가 TV만 보는 아이가 되지 않기를 바란다면 내가 먼저 보지 말아야 한다.

부모가 책 읽는 모습을
보여주는 것이 아이가 책을 좋아하게 만드는
제일 쉽고 확실한 방법이다.

01

아이들은 부모를 보고 자란다

성공적인 독서 육아를 하기 위해서는 아이들은 물론, 부모도 함께 책을 읽어야 한다. 부모는 아이의 거울이기 때문이다. 부모가 집에서 TV만 보는 가정에서 아이들은 똑같이 집에 들어오면 리모컨부터 드는 아이들이 된다. 아빠가 게임을 하면, 아이들도 똑같이 게임을 하게 된다. 어릴 때 아이들은 모방학습으로 여러 가지를 자연스럽게 배워나가기 때문이다.

모방학습이란 : 아이가 언어나 다양한 사회적 행동을 부모나 다른 사람의 행동을 모방함으로써 습득하게 되는 과정이다. 모방능력은 인간 특유의 행동이며 일상생활 속에서 매우 자연스럽게 이루어지기 때문에 모방하는 사람이 별다른 인식을 하지 못한 채 다양한 행동목록들

을 습득하고 반복할 수 있게 된다.

즉 인간은 태어나면서, 언어나 행동을 부모나 다른 사람의 행동을 보고 따라하면서 배워간다는 이야기이다. 많이 알려진 늑대무리에서 자란 아이를 보면 알 수 있다.

'1941년 덴버 대학과 엘 대학의 두 교수에 의해 굉장한 기록이 발견되었다. 인도에서 발견된 늑대가 키운 두 아이를 싱 목사가 데려와 교육한 9년간 과정이 담긴 일기장으로 인간에 대해 깊이 생각하게 하는 자료이다. 인도 원주민들은 종종 여자 아이를 버리곤 하는데, 이런 관습으로 버려진 두 아이를 어미 늑대가 데려다 키워 아이들이 늑대 굴에서 다른 늑대들과 함께 자란 것으로 추정된다. 젖먹이 때는 늑대의 젖을 먹고 그 후에는 어미 늑대가 잡아온 짐승의 고기를 먹고 자랐다.

늑대가 키운 아이 중 한명은 2세 아마라, 한명은 7세 카마라이다. 두 아이는 늑대처럼 길러져 눈은 늑대와 같이 암흑 속의 생활에 익숙해졌고 코는 대단히 예민해져 있었다. 늑대처럼 손을 짚고 달려 어깨가 넓고 강하며 다리는 가랑이에서부터 굽어 있었다. 물건을 집을 때나 음식을 먹을 때 손을 쓰지 않고 입을 사용했다. 외부 온도 변화에 익숙하여 땀을 흘리지 않고, 더울 때는 늑대처럼 혀를 늘어뜨리고 헐

떡이고 손바닥을 짚고 다녀 손바닥에는 못이 박여있었다. 소리가 나면 귀를 세우고 긴장하며 화나게 하면 코를 씰룩거리고, 귀찮게 하면 이빨을 드러내고 으르렁 거렸다. 그 지방의 늑대는 밤중에 반드시 3회(거의 정확한 시간인 새벽 1시와 3시, 오후 10시)에 밀림의 늑대끼리 서로 울부짖는 습성을 갖고 있는데 카마라와 아마라도 이 시간이 되면 함께 울부짖었다. 이 습성은 두 아이가 인간 사회에서 교육받고 자란 후에도 끈질기게 남아있었다. 인간 사회에 온지 3년이 지나 카마라는 비로소 서서 걸을 수 있게 되었고, 이때 처음으로 손으로 밥을 집어 입으로 가져갔다. 3년 만에 처음으로 늑대다운 면이 없어진 최초의 특성이었다. 이후 음식을 테이블 위에 놓고 먹는 것을 익히도록 했지만 혓바닥으로 물을 핥아먹는 버릇은 고쳐지지 않았다.

3년이 지난 후에도 닭을 쫓아가서 물어뜯어 죽이는 버릇은 고쳐지지 않았고, 테이블 위에 날고기를 물어뜯어 먹지 않게 되기까지는 5년이 걸렸다. 아마라는 2년 정도 밖에 되지 않아 언니에 비해 인간으로 교육하기가 더 쉬웠다. 하지만 문명사회에 나온 지 1년 만에 죽었다.

카마라는 7년 동안 어미 늑대에 의해 길러졌기에 문명사회에 나온 지 3년이 지나서야 배고픔이나 갈증정도를 말로 표현할 수 있었다. 4년 정도 지났을 때 다섯 마디의 말을 할 수 있게 되었고 사람이 하는 말을 어느 정도는 알아들을 수 있었다.

5년째에 식사 습관이 바뀌어 컵으로 물을 마시게 되었고, 대소변도 깨끗하게 처리할 수 있었으며, 목욕습관도 생겼다. 6년이 지나 카마라가 14세가 되면서부터는 어느 정도 정상적인 보행을 할 수 있게 되었고 표정도 한결 인간다워 보였다. 7년째에 45마디의 말을 할 수 있게 되었으며, 카마라가 인간 세상으로 나온 지 9년 만에 병으로 17세에 생애를 마쳤다.'

이 기록으로만 봐도 인간이 얼마나 주변 환경에 영향을 받는지 알 수 있다. 아미라는 늑대에 의해 길러진 기간이 2년이어서 아직 인간으로 자랄 가능성을 전부 잃어버리지 않아 고아원에 온지 2개월 만에 '물'이라는 말을 할 수 있었다고 하는 반면, 7년간 늑대 손에 자란 카마라는 말을 배우는 것도 아주 느렸다고 하니 인간의 어린 시절이 얼마나 중요한지 알 수 있다.

그렇게 인간은 누구나 모방을 하면서 인간다운 인간으로 자라난다. 가장 최초로 접하는 부모나 가족이 제일 큰 영향을 주는 건 당연하다. 부모가 사용하는 말, 행동 모든 것이 아이들에게는 모방의 대상이 된다. 예전에 TV 방송에서 병이 있어 집밖에 나가지 못해 할머니와 주로 시간을 보내는 여자아이를 보았다. 그 아이 행동이 할머니 행동이랑 너무 똑같아 웃었던 기억이 난다. 일어설 때면 할머니처럼 "아이고~ 아이고~ 무릎이야."라고 하며 "아이고! 내 팔자야" 하는데 재밌으면서도 안쓰럽기까지 했다. 말투, 표정까지 어찌나 똑같던지! 우리 아이들도 보면 내 말투나 내 행동을 그대로 따라하는 모습을 보고 놀랐던 적이 많았다. 그때마다 고운 말을 쓰고 행동도 조심해야겠다는 생각을 하게 된다.

많은 사람을 접하지 못하는 유아기 때 부모는 어찌 보면 아이들에겐 세상의 전부이다. 그러니 부모가 게임을 하면 아이가 게임을 따라하고 부모가 TV중독이면 똑같이 TV만 보게 된다. 부모님이 책을 읽는 모습을 본 아이들은 책 읽는 아이들로 너무 자연스럽게 자라나게 된다. 이렇기에 자녀가 어릴수록 부모는 책 읽는 모습을 아이들에게 많이 보여줘야 한다.

대부분 책은 지겨운 것이라고 생각한다. 학교 때 공부 생각하면 지긋지긋해서 책은 쳐다보기도 싫다고 하는 어른들도 많다. 우리는 책이 왜 지겨운 것이란 인식을 갖게 되었을까? 잘 생각해보면 책은 공부라고 생각을 하기 때문이다. 어릴 때 책을 많이 읽어보지 않은 상태에서 학교를 가고 학교에서 책을 가지고 공부를 하였다. 성적을 매기고, 잘

하고 못하고 결정이 난다. 공부를 못하면 부모님이 실망하고, 점수가 낮으면 선생님에게 야단을 맞았다. 그러니 책이란 나를 힘들게 하는 존재라는 생각이 강하게 머릿속에 박히게 되는 것이다.

하지만 아이에게 이런 압박이나 강요가 없다면 그저 새로운 이야깃거리가 풍부한 재미있는 장난감이 된다. 어린 아이들에게 책은 그냥 놀이에 불과하다. 다만 부모의 강요나 압박이 절대 없어야 한다. 부모가 책 읽는 모습을 보여주었다면 아이들은 자연스럽게 '책은 재미있는 거구나' 라는 생각으로 따라 읽는 모습을 보인다. 모방행동이다.

부모가 책 읽는 모습을 보여주는 것이 아이가 책을 좋아하게 만드는 제일 쉽고 확실한 방법이다. 부모가 게임하고 TV 보면서 아이가 책을 좋아하길 바란 다는 건 너무 큰 욕심인 것 같다. 오늘부터 아이와 함께 책을 읽어보자. 책이 너무 재미없다면 하루 몇 분만이라도 재미있게 책을 읽는 흉내라도 내 보는 건 어떨까?

02

TV 안보기

어릴 적, 필자는 항상 TV가 켜져 있는 집에서 생활을 했다. 거실에는 좀 큰 TV가 있었고 할머니 방에도, 부모님 방에도 TV가 있었다. 그래서 각자 자기가 보고 싶은 프로그램은 각각 다른 방에서 보곤 했다. 시댁도 상황은 마찬가지였다고 한다. 아마 우리나라 대부분의 가정이 같은 모습이지 않았을까 싶다.

지금도 친정이나 시댁을 가면 늘 TV가 켜져 있다. 남편도 늘 TV가 켜진 집에서 생활했고 나도 그런 환경에서 컸다. 학교 다녀와서 집에 가면 가방 던져놓고는 바로 TV를 보는 것이 일상이었다. TV 없는 집은 상상도 할 수 없었다. 드라마 봐야하는데, 시험기간이 되면 어찌나 그 드라마 때문에 공부가 하기 싫던지... 만약 그때 TV가 없었다면 책을 보던가, 음악을 듣던가 여러 활동을 할 수 있었을 텐데...! 하며 아쉬운 마음이 많이 든다. 하루의 많은 시간을 TV 앞에서 시간을 보냈던 것 같아 그 시간들이 너무 아깝다는 생각이 든다.

우리 집에는 TV는 있으나 컴퓨터 모니터용으로 사용하고 있어 방송은 나오질 않는다. 사실 워낙 남편도 나도 TV 중독이라 신혼 초에는 맨날 TV 앞에서 둘이 떠날 줄 몰랐다. 식사하면서도 TV 앞에서 자기 전까지 TV를 보곤 했다. 주말에는 어디 나들이 가려고 했다가도 식사하면서 보기 시작한 프로그램에 빠져 집에서 TV 보면서 시간을 다 보내기도 했다. 혼수를 준비할 때도 다른 혼수는 신경도 안 쓰던 남편이 TV만은 제일 큰 걸 사자고 할 정도로 TV 광이었다. 지금 생각하면 그 시간이 얼마나 아까운지!

혼수로 구입한지 1년도 안되어 TV에 문제가 발생했고 몇 번 수리를 요청했지만 원인을 알 수 없다며 회사에서 환불을 해주겠다고 했다. 좋은 기회다 싶어 남편에게 "우리 이번 기회에 TV 없이 한번 지내보자!"고 제안했다. 처음엔 남편이 굉장히 당황해했다. TV 없는 생활은 상상도 할 수 없다는 표정이었다. 어차피 언제든 다시 살 수 있으니 한번 해보자고 설득해 그때부터 우리는 TV 없는 생활을 시작하게 되었다.

처음에는 TV가 없으니 할 것도 없고 뭔가 허전했다. 할 게 없으니 너무나 심심했다. 그러다 점차 다른 할 일들을 찾기 시작했다. 퇴근하면 밥 먹고, TV보고 자곤 했는데 함께 산책을 나가고 주말에도 여기저기 나들이를 다니게 되었다. 저녁이면 함께 영어 공부도 했다. 둘이 함께 하는 시간이 점점 늘어갔다. TV를 볼 때는 서로 많은 대화도 나누기 힘들었는데 대화 할 시간도 많아져서 좋았다. 그렇게 TV 없는 생활에 익숙해진 후 우리는 TV를 사지 말자고 합의했다.

그 당시 시대에 일이 있어 TV 환불 받았던 돈을 시어머님께 드렸는데, 어머님이 나중에 42인치 TV를 어디서 선물로 받게 되었다면서 주셨다. 아이들이 태어나고 집에서 꼼짝없이 있어야 했던 나는 다시 방송을 보기 시작했다. 또 다시 TV 중독으로 하루 종일 TV만 보았다. 두 아이 독박육아에 유일한 도피처가 TV 방송이었던 셈이다. 아이들은 방치한 채 먹이고 입히고만 간신히 하던 나는 그렇게 다시 TV 속으로 빠져들어 버렸다. TV에만 시선이 고정된 채 방치되고 있는 아이들을 발견한 후 안 되겠다 싶어 과감하게 TV선을 뽑아버렸다. 그 이후에도 여러 우여곡절이 있었지만, 지금은 가끔 보고 싶은 것만 찾아보는 생활을 유지하고 있다. 계획 없이 나오는 대로 바보상자에 빠져들어 보게 되는 TV 시청에서는 해방되었다.

TV를 끊은 후 처음에는 식사할 때만 보고 싶은 프로그램을 찾아 보았다, 그런데 TV에 빠져 아이들과 대화도 잘 안하게 되고 아이들이 떠들면 조용히 하라고 야단치기 일쑤였다. TV를 볼 때면 아이들의 기분, 표정을 살필 수 없었다. 평소엔 그지없이 사랑스럽게 느껴지다가도 TV를 보고 있을 때만은 떠드는 아이들이 너무나 귀찮게 느껴졌다. 아이들이 무슨 이야기를 해도 귀에 들어오지 않았다. 눈은 TV에 고정한 채 본인들에게 야단만 치는 엄마를 원망스러운 눈빛으로 보는 아이들을 보고는 아차! 싶었다.

남편도 식사시간에 TV 보는 걸 좋아한다. 회사 스트레스를 그나마 재미있는 TV 방송 보는 것으로 푼다는 걸 알고 있었기에 그마저도 보지 말라고 하기가 미안했다. 그런데 엄마, 아빠가 TV에 빠져있는 동안 방치 되어 있는 아이들의 표정을 보고는 안 되겠다 싶어 "당신도 그렇고 나도 그렇고, TV에 정신이 팔리니까 애들한테 야단만 치게 되고 아이들에게 신경을 안 쓰게 되는 것 같아. 이건 아이들에게 너무 안 좋은 것 같은데? 이제 밥 먹을 때는 식탁에서 아이들과 대화하면서 먹자." 라고 말하니 남편도 동의했다. 그 후 우리는 정말 특별한 날 아니면 무조건 식탁에서 식사를 한다.

식사하면서 아이들 하루는 어땠는지, 즐거웠는지도 이야기하고 끝말잇기나, 이야기 짓기 등 다양한 대화가 오고 간다. 요즘은 아이들이 계산하는데 재미가 들려 맨날 수학 문제를 내달라고 한다.

"마트에서 900원짜리 과자 2개를 사고 500원짜리 사탕 3개를 샀어. 그러면 얼마 내야해?" 처음에는 어려워하더니 나날이 계산 실력이 늘어갔다. 이게 바로 스토리텔링 수학이다. 아이들도 얼마나 신나하고 좋아하는지 학원 다니지 않아도 이렇게 즐겁게 수학공부할 수 있고 부모와 사이도 돈독해 질수 있으니 일석이조이다.

요즘 우리 아이들 그리고 부모도 너무 바쁘다. 저녁 식사 시간만이라도 이렇게 둘러 앉아 도란도란 이야기도 나누고 여러 가지 활동도 한다면 가족들에게 너무 좋은 시간이 아닐까?

TV를 안 보니 시간이 남는다. 그래서 우리는 책도 많이 본다. 아이들 독감 때문에 어제 오늘은 주말임에도 불구하고 가족 모두 집에만 있었다. 아이들은 아이들대로 재미있게 놀고 우리 부부는 마주앉아 책 보면서 같이 이런 저런 대화도 하니 얼마나 좋은지!

TV 볼 때는 사실 나눌 대화가 별로 없었다. 그런데 책을 함께 읽으면서 생각을 서로 나눌 수 있고 서로 성장하는 계기가 되었다. 옛날 생각하면 '우리 부부는 정말 많이 발전 했구나' 느낀다. 만약 TV를 끊지 않았다면? 이런 발전은 없었을 것이다.

TV를 끊었기에 아이들과 더 많은 시간을 함께하고, 이야기를 나눌 수 있게 되었고, 많은 책을 읽게 되어 재테크 공부도 하고, 지금은 우리의 자산도 불릴 수 있었다. 육아도 잘 할 수 있게 되었으니 정말 우리 부부가 가장 잘한 일이 바로 이 'TV 안보기'인 것 같다.

TV 방송이 여전히 우리 집에 흘러나왔다면 주말에도 TV보며 시간을 뺏기기 일쑤였을 거다. 지금은 주말이면 대부분 집밖을 나간다. 남는 시간을 다른 것으로 대체하게 된 것이다. 항상 주말엔 아이들 데리고 어디 갈까? 뭐할까? 고민하는 게 참 기쁘다.

혹시, 여러분 집도 다들 TV 보느라 가족 간에 눈 맞추고 대화할 시간이 없는 건 아닌지? TV 리모컨 끼고 소파와 일체되어 있는 남편이 밉고 속상하지는 않은지... 한번 TV를 없애보자. 가족들 반발이 처음에는 굉장히 심할 것이다. 하지만 잘 설득해서 당분간 TV 없는 생활을 해보길 바란다. 다른 세상이 펼쳐질 것이다.

TV 없이 무슨 재미로 사냐고 묻는 사람들이 많은데 TV를 안보니 오히려 할일들이 너무 많아졌다. 오히려 하루가 더 신나고 즐겁다.

예전 TV 중독이던 때는 하루 하루 허무했다. 하루가 참 지겹게 느껴졌다. 볼 때는 재미있지만 보고 난 후 남는 게 없으니 허무한 게 당연하다. 그런데 오히려 TV를 안 보는 나의 하루는 너무 짧다. 집안일도 해야 하고, 글도 써야하고, 책도 읽고 싶은 게 너무 많다. 하고 싶고 배우고 싶은 것들이 너무 많이 생겨 오히려 행복한 고민이다. 책을 읽으며 나와 남편이 성장 하는 것이 느껴지고 아이들도 책과 함께 잘 크고 있는 것이 보인다. 은행에 저축을 많이 해놓은 것 같은 이런 든든함을 뭐라고 설명해야 할까? 책을 읽으면 읽을수록 우리 부부의 미래가, 그리고 아이들의 미래가 기대되는 하루 하루! 여러분들도 함께 했으면 좋겠다.

03

도서관을 놀이터처럼

    필자가 어릴 적에는 도서관이 주변에 없고 도서 대여점이 있어 돈을 내고 책을 빌려보아야 했다. 10평 남짓한 공간의 동네 도서 대여점은 각종 만화책과 소설책 등이 가득 했던 걸로 기억한다. 보고 싶은 책을 빌려보기 위해선 아까운 용돈을 써야 했다. 그러다 조금 더 커서는 주민 자치센터마다 도서방이 있다는 사실을 알게 되었다. 규모는 크지 않았지만 조금만 발품을 팔면 각 주민 자치센터마다 있는 책을 무료로 빌려볼 수 있어 너무 좋았다. 대학교 다닐 때는 학교 도서관, 시립 도서관등 제법 큰 도서관을 찾아다니며 다양한 책을 빌려 읽기 시작했다. 회원증만 만들면 내가 보고 싶은 책을 무료로 빌려 볼 수 있으니 얼마나 좋던지!

그때는 성인 도서관에만 다녔기 때문에 유아 도서관이 있는 줄 몰랐다. 그런데 아이들을 낳고 찾아보니 도서관마다 유아방이 따로 있다는 사실에 정말 깜짝 놀랐다. 보통 큰 규모의 도서관을 가면 어린이 도서실이 따로 있는데 그 안에 영유아들이 편안하게 엄마가 읽어주는 책을 볼수 있게 방이 따로 마련되어 있다. 기어 다니는 아기들부터 초등학교 입학 전 아이들에게 엄마가 소리 내어 읽어줄 수 있는 공간이다. 도서관은 항상 정숙해야 하는 곳이지만 영유아실은 통제가 안 되는 아이들이 모인 곳이라 아이가 조금 떠든다 해도 크게 신경 쓰지 않고 아이에게 책을 읽어줄 수 있어 참 고마운 곳이다. 비슷한 또래와 아이들이 모여 한 엄마가 책을 읽어주면 다른 아이들까지 모여들어 함께 책 읽는 풍경도 가끔 벌어진다.

자기보다 어린 아기부터 나이많은 형, 누나들까지 도서관에서 책을 보는 모습을 보면서 우리아이들은 도서관이라는 곳을 자연스럽게 여겨 가기 시작했다. 주말이면 도서관에 들러 몇 권 책 읽고 나들이를 가고, 한 달에 한 두번은 영어에 친숙하게 해주기 위해 영어도서관도 들러 영어 DVD도 보고, 영어그림책도 몇 권 읽고 놀러가곤 했다. 도서관에 자주 들러 누구나 책은 재미있게 보는 것임을 알려주고 싶었고, 영어 그림책과 DVD를 보면서 영어에 친숙하게 해주고 싶었다. 그렇게 놀러가듯 즐겁게 도서관을 정기적으로 들르니 아이들도 도서관은 즐거운 곳이라고 인식해갔다.

아이들이 어릴수록 이렇게 도서관을 친숙하게 만들어주는 것이 중요하다. 가족 뿐 아니라 많은 사람들이 책을 보는구나 생각하면 아이들도 당연하게 받아들이기 때문이다. 즐겁게 엄마가 읽어주는 동화책 몇 권 들고, 맛있는 것도 먹고, 근처 놀이터에서 신나게 놀면서 보내는 하루는 아이에게 최고일 것이다.

매일 엄마가 읽어주는 책이야기를 듣고 정기적으로 도서관에서 책을 읽은 덕분인지 우리 아이들은 지금도 도서관 가는 것에 거부감이 없고 영어 그림책이나 영어 동영상 보는 것을 좋아한다. 영어 동영상도 부담스러워 하지 않고 재미있게 본다.

어려서부터 책을 자연스럽게 접한 아이들은 학교에 들어가서도 책을 재미있게 보는 아이들로 클 수 있다. 하지만 어렸을 때 책을 보지 않았던 아이들에게 갑자기 엄마, 아빠가 독서를 강요한다면 즐겁게 보기 힘들다. 아이의 나이가 많을 수록 책과 친하게 해 주긴 쉽지 않다. 이때는 부모가 전략적으로 책을 읽게 도와주어야 한다.

내 친구는 아이가 책을 안 읽어 고민이라고 한다. 책을 좋아하지 않

어려서부터 책을 자연스럽게 접한 아이들은, 학교에 들어가
서도 책을 재미있게 보는 아이들로 클 수 있다.

는다고. 그래서 스스로 한글을 읽을 줄 알아도 엄마가 책을 읽어 주는 것이 좋다고 말해주었다. 전문가들은 아이가 읽기 독립을 했다 하더라도 계속 엄마가 책을 읽어주는 게 좋다고 한다. 우리 아이들은 둘 다 읽기 독립이 되었지만 지금도 나는 책을 읽어준다. 스스로 읽는 것도 좋아하지만 엄마, 아빠가 읽어주는걸 좋아한다.

내 친구가 내 이야기를 듣고는 아이에게 책을 읽어주니 아이들이 너무 신나하면서 재미있어 했다고 한다. 또 읽어달라고 하면서 '우리 애들은 책을 싫어하나보다' 라고 생각했는데, 그게 아니었다고 진작 읽어줄걸 그랬다며 후회했다. 생각보다 아이들은 본인이 책을 읽을 때는 재미없어 하는데 엄마가 읽어주면 재미있어하는 경우가 참 많다.

부모가 읽어줄 때 좋은 점은 책을 읽다가 어려운 단어가 나오면 알려줄 수 있고 그림책 내용에 대해서 서로 이야기할 거리들이 생긴다는 것이다. 그러면 아이와 나 사이에 공통적으로 할 이야기가 생기게 된다. 아직 초등 저학년까지는 엄마 품을 좋아하기에 엄마가 책을 꾸준히 읽어주면서 책 읽기 습관을 들이는 것이 좋다. 아이 정서발달에도 좋다고 하니 아이가 싫다고 할 때까지 계속 해주면 좋을 것 같다.

"책을 읽는걸 아이가 죽어라 거부합니다. 어쩌지요? 너무 늦은 건가요?"

4살때 도서관에서

서점에서

아이 손잡고 함께 도서관에서 책도 보고, 서점도 들러보자.
아이가 좋아하는 책 한권 사서 손에 들리고, 아이와 맛있는
것도 함께 먹고, 그렇게 놀러가듯 즐겁게 도서관을 정기적으
로 들르니 아이들도 도서관은 즐거운 곳이라고 인식해갔다.

이런 질문을 하는 분들이 많다. 그럼 나는 되묻고 싶다.

"너무 늦었다고 하면, 아이 책 읽기를 포기하실 건가요?" 라고.

아이마다 특성이 다르니 다양한 방법으로 책을 읽을 수 있도록 유도 해 주어야 한다. 책을 읽으면 맛있는 걸 사준다든지, 게임을 시켜주겠다든지 여러 방법을 동원해서라도 아이가 책을 좋아하는 아이로 만들어야 한다. 말에게 물을 먹이려면 어떻게든 물가에 데려다 놓아야 하니까! 보상을 전제로 책을 읽히는 건 안 좋은 것 아니냐고 하는 사람도 있겠지만, 그렇게 처음엔 보상으로 시작했지만, 아이가 책을 재미있어하고 좋아하는 아이가 된다면 성공적인 것 아닐까! 아이가 책 읽는 재미를 안다면 후에는 보상하지 않아도 알아서 책을 찾아보는 아이들이 될 것이다. 일단 물가에는 데려다 놓아야 하는 것이 우리 부모의 몫이다.

부모들이라면 아이가 뭘 좋아하는지 파악하고 여러 다양한 방법을 동원해서 아이가 좋아할 만한 것을 찾을 수 있다. 한 두번 시도해보고 아이가 좋아하지 않는다고 하더라도 끈기를 가지고 함께 해야 한다. 우린 자식을 포기할 수 없는 부모이니까.

아이 손잡고 함께 도서관에서 책도 보고 서점도 들러보자. 아이가 좋아하는 책 한권 사서 손에 들리고, 아이와 맛있는 것도 함께 먹고,

신나게 놀다 들어오면 아이는 기분 좋아서 선물 받은 책을 들춰보지 않을까?

아이와 대화하다가 관련 있는 책이 있다면 부모님이 먼저 '책에 그런 내용 나오는데 같이 보자!'면서 꺼내서 함께 읽자. 아이들은 누구보다 신나게 책을 보게 될 것이다.

우리도 박물관이나, 과학관에 다녀와서 관련 책이 있으면 함께 찾아본다. 아이들이 먼저 찾기도 하고 내가 먼저 찾아서 보여주기도 한다. 직접 눈으로 본 것이 책에 나오니 얼마나 신나하는지! 그렇게 천천히 책의 재미에 빠지게 도와주면 아이는 서서히 책을 좋아하는 아이로 클 수 있다. 이 또한 부모의 노력이 필요한 부분이다.

04

책은 장난감이다

　　주변에 책을 좋아하고 책보는 습관을 가진 아이들을 보면 아기 때 책을 장난감처럼 가지고 놀게 부모님들이 허용해준 경우들이 많다. 나는 항상 책은 깨끗하게 조심히 다루어야 할 물건으로 배우고 자란 터라 처음에 아이가 책을 찢었을 때 엄청 야단을 쳤다.

　　"책은 조심해서 봐야지, 이게 뭐야! 이러면 다음엔 못 보잖아!" 하면서 크게 야단을 쳤다. 아이들이 그 다음부터는 책을 조심스럽게 다루느라 그 전처럼 재미있게 가지고 놀지 않았다. 혹여 가지고 놀다가 찢어지거나 하면 눈치까지 보았다.

　　그러다 독서 육아를 하는 사람들 블로그도 찾아보고 독서 육아를 성공한 분들의 책을 찾아보면서 '내가 굉장히 잘못하고 있구나!' 깨달았다. 그렇게 책 찢지 않게 조심하라고 엄마가 강요하고 야단치면 아이들에게 책은 조심해야 할 물건, 혹시라도 망가지면 엄마한테 혼나는 물건이라는 인식이 생기게 된다. 그러면 아이들이 맘껏 책을 가지고 놀 수도 없고 그러면 책에 대한 이미지가 좋지 않게 된다.

그 이후에는 오히려 책을 가지고 탑도 쌓고, 기차도 만들고 놀게끔 내가 먼저 유도하기 시작했다. 그랬더니 아이들은 책을 가지고 맘껏 하루 종일 가지고 놀고 또 풀썩 주저앉아 책을 읽곤 했다. 놀다 말고 "엄마. 이 책 읽어줘!" 라고 말하기도 한다. 아이가 요구하면 언제라도 기쁘게 읽어주었다. 그렇게 읽어주기 시작하면 5권, 10권은 한자리에서 읽었다. 게다가 재미있게 읽은 책은 아빠가 퇴근 후 아빠에게도 읽어달라고 하는 일이 잦아졌다.

처음에 애들 아빠는 퇴근하고 피곤한데 애들이 책을 읽어달라니까 정말 힘들고 피곤한 기색이었다. 책은 엄마가 읽어주라며! 하지만 '하버드대 연구팀이 발표했는데 엄마보다 아빠가 아이에게 책을 읽어주는 게 더 효과적 이다' 라는 연구 결과까지 들먹이며 아빠가 책 읽어주는 게 얼마나 중요한지 설명해주었다. 그랬더니 남편도 변해갔다. 긴 시간 읽어주지는 못하더라도 잠깐 잠깐씩은 읽어주려고 노력하는 모습이 참 고마웠다. 아빠랑 한 두 권 책을 읽고는 또 몸으로 신나게 노니 아이들은 아빠를 더 좋아하게 되었다.

실제로 하버드대 연구팀은 미국 저소득층 가정 약 430가구를 대상으로 연구를 했다. 엄마, 아빠로 책 읽어주는 주체를 나눠 이해력, 어휘력, 인지 발달 간에 상관관계 조사를 했는데 아빠가 책을 읽어준 아이들이 지식, 언어, 인지 발달 면에서 모두 높은 점수를 받았다고 한다. 이는 엄마와 아빠의 책읽기 방식에 차이가 있기 때문인데 엄마는 '코끼리가 크네. 코끼리 다리가 몇 개야?' 하는 등의 사실적 질문을 하지만 아빠들은 '코끼리 코 좀 봐, 저번에 동물원 갔을 때 기억나?' 식의 아이의 뇌를 자극하는 질문을 던지기 때문이라고 한다.

또, 2003년 옥스퍼드대 연구팀의 발표에 따르면 아빠가 책을 읽어준 아이들이 다른 아이들에 비해 학교 읽기 성적이 더 높았고 정서적인 문제를 겪을 확률도 낮았다고 한다. 여러 연구 결과들이 뒷받침해주고 있다. 오늘부터 아빠에게 아이 책 읽어주기에 동참해보자고 해보는 건 어떨까? 여러 연구 결과 때문인지 아니면 요즘 아빠들이 자상해서인지 도서관에 가면 생각보다 아빠들이 아이들 데리고 오는 경우도 많다. 애들 아빠도 처음에는 어떻게든 빠져나가려고 '책은 엄마가 읽어 주는 거다. 도서관에 어느 아빠가 따라 가냐'고 어찌나 투덜대던지! 와이프가 독서 육아 열심히 하는 건 대 환영이지만 자기를 끌어들이는데 대해선 굉장히 부정적이었다. 하지만 도서관에 가면, 와이프 없이도 아이들 데리고 혼자 오는 아빠들을 종종 보더니 이젠 그런 소리가 쏙 들어갔다. 혹시 내가 일이 있어 어디 가야할 일이 생기면 본인이 알아서 도서관도 데리고 다닐 정도이다. 아이들도 다른 사람들이 다 하면 당연하고 자연스럽게 받아들이듯 아이들 아빠도 마찬가지인 듯하다.

아이들도 도서관에 나들이처럼 다니다보니 도서관이 자연스럽게 당연한 곳이 되고 남편도 아이들과 함께 책 읽는 걸 자연스럽게 생각하게 되어 참 좋다.

아이가 책을 장난감처럼 가지고 놀아야 하니 비싼 책은 사주지 않기로 했다. 몇 십만원, 백만원 단위의 책을 사서 둔다면 아무리 성인군자라도 아이가 책을 찢고 가지고 놀 때 웃으며 대할 수 없다. 재벌이라면 모를까, 나처럼 콩나물 값도 아끼며 사는 가정주부에게는 더욱 힘든 일이다. 작년 봄인가? 아들이 갑자기 새로 산 바지를 가위로 싹 뚝 잘랐다. 새로 사서 한 번도 입히지 않은 바지였다.

"왜 바지를 가위로 잘랐어?"하고 물어보니,

"음~ 가위로 바지를 자르면 어떻게 되나 궁금해서 잘랐어."라고 답했다.

대답을 들고 보니 궁금할 수도 있었겠구나 싶어 "바지 이렇게 자르면 못 입어. 다음에는 이렇게 자르면 안 되는 거야." 라고 엄청 자상한 엄마가 되어 타일렀다. 인터넷에서 주문한 저렴한 바지였다. 우리 아들의 궁금증을 해결해도 될 만큼 저렴한 바지였기에 자상한 엄마일 수 있었다. 한번은 아들이 10만원이 넘는 옷을 입고 갔다가 학교에서 잃어버리고 왔다. 딱 한번 입은 옷을! 옷 값 생각에 이유는 묻지도 않고 "그 옷이 얼마짜리인데 잃어버리고 와? 자꾸 정신 팔고 다닐 거야?" 하며 버럭 버럭 화를 내버렸다. 한참 열을 내고 이유를 들어보니 친구가 들어준다고 하고는 잊어버리고 집으로 가져간 거였다. 물론, 다음 날 친구가 학교에 가지고 와서 찾았다.

저렴한 옷을 가위로 잘라서 못 입게 되었을 때는 '그럴 수 있겠구나' 한없이 자상한 엄마였던 내가 옷이 비싸다는 이유로 버럭 화내는 엄마로 변하는 건 순간이었다. 만약 그 옷도 저렴한 거였다면 아이에게 그렇게 야단치며 화내는 엄마가 되지 않았을 텐데...

책도 장난감도 마찬가지이다. 그래서 나는 책은 저렴한 것 위주로 구입하는 편이다. 만약 비싼 책인데 꼭 사주고 싶다면 중고로 구입하기도 한다. 독서 육아하기 전엔 다른 건 몰라도 애들 책은 새 책 사주자고 생각했다. 하지만 지금은 생각이 바뀌었다. 비싼 새 책을 사주는 순간 애들이 책을 안 보면 안 봐서 걱정, 책을 가지고 놀다가 찢어지거나 망가질까봐 걱정 투성일테니까... 한번은 동네에 어떤 분이 아이들 어릴 때 보던 책을 대대적으로 정리한다며 한 중고카페에 올렸다. 거의 20질의 전집이었는데 직접 받으러 갔더니 책도 덤으로 더 주시며 가격도 깎아 주셔서 기쁘게 받아왔다. 이제 중학생이 된 형들이 보던 책이었는데 어찌나 예의바르고 잘 컸던지... 그런 형이 읽던 책을 우리 아이들이 읽는다고 생각하니 기분이 절로 좋아졌다. 책 위에 먼지는 좀 쌓였지만 속은 깨끗해서 물티슈로 깨끗이 닦아 잘 읽고 있다. 중고 책이라고 해서 다 허름한 것은 아니다. 대부분 새 책 샀다가 아이들이 잘 보지 않아 거의 펴보지도 않고 먼지만 쌓여 중고로 파는 사람들이 많다. 잘 이용만 한다면 저렴하게 책 구입이 가능하다.

저렴하게 구입한 책들인지라 아이들이 가지고 놀다가 찢어도 오케이! 밟고 놀아도 오케이!

자상함 모드의 엄마가 될 수 있다. 가끔 보면 책 사서 깨끗하게 보고 다시 되 팔거나 누구 물려줘야지 생각하는 분들이 있다. 워낙 전집 책이 비싸니 이런 생각 할 수 있다. 하지만 우리의 목표는 아이들이 책을 하나라도 더 보게 하는 것이다. 아이가 책을 깨끗하게 봤으면 좋겠다는 생각을 가지는 순간, 아이는 그 책을 멀리 하게 될 수 있다는 점 잊지 말아야한다. 차라리 아이들이 가지고 놀다가 찢어져 버리더라도 아이가 한번이라도 더 보고 좋아할 수 있는 저렴한 책을 구입하는 게 더 현명하다.

아이들에게 책은 장남감이 되어야 한다는 사실, 잊지 말자!

05

정기적으로 책을 들이자

　　책을 좋아하게 만들기 위해서는 집에 어느 정도의 책이 있어야한다. 아이가 장난감처럼 가지고 놀기도 해야 하고 꺼내서 엄마와 함께 즐겁게 읽기도 해야 하니까 책 하나 없이 책 읽는 아이로 키우기는 불가능하다. 고기도 먹어본 사람이 먹는다고 책도 어릴 적부터 읽어본 아이들이 더 쉽게 책과 친해지는 건 당연하다.

　　나는 독서 육아를 시작하면서 거실을 서재처럼 꾸미기 시작했다. 처음 독서 육아 시작했을 당시 작은 책장 2단짜리에도 책이 다 차지 않았다. 전집은 2질 정도에 낱권의 책들이 꽂혀져 있는 정도였다. 그러다 거실 한쪽에 놓을 1200책장 2개를 주문했다. 처음에는 텅텅 비어 있었다. 그때부터 매달 책을 정기적으로 구입하기 시작했다.

좋은 책들이 너무 많아서 정말 어찌나 고민이 되던지! 처음에는 새 책으로 구입하곤 했는데, 대신 저렴한 책들이었다. 이삼십 권에 삼사만원짜리 책들도 많았다. 그렇게 저렴한 책들로 책장을 채워나가기 시작했다. 물론 집에 책이 들어오는 만큼 열심히 읽어주었다. 아침에 일어나서, 밥 먹고, 어린이집 보내고, 다녀오면, 놀다가 틈틈이, 저녁 먹으면서, 또 자기 전에 참 열심히도 읽어주었다. 아이들도 새로운 책이 들어오면 정말 좋아하고 신나했다. 그 새 책은 또 아이들의 새로운 장난감이 되었다. 쌓고, 밟고 장난감으로 말이다. 새 책이어도 비싼 책이 아니었기에 괜찮았다. 아이들이 신나게 장난감처럼 가지고도 놀면서 틈틈이 책을 읽으니 얼마나 좋던지~!

그렇게 저렴한 책 위주로 집이 책으로 도배가 되어갔다. 물론 열심히 본 책도 있고 아닌 책도 있다. 수준이 좀 더 높은 책은 한 두 권 맛만 보고 여전히 책장에 꽂혀있기도 하다. 새로운 책을 집에 들이면 아이들은 좋아서 열심히 보는 책이 있는가 하면 몇 장 들춰보고는 관심 없는 책들도 있다. 하지만 나는 크게 신경 쓰지 않는다. 언젠가 그 분야에 관심이 생길 때 볼 거라 믿기 때문이다.

비싸게 구입한 책들이 아니기에 아이들이 다 보지 않아도 크게 신경 쓰지 않는다. 그 책들을 다 봐야한다고 생각하면 나에게도 스트레스이고 아이들도 부담을 느끼게 된다. 하지만 신기한건 한때는 관심 없었던 책이어도 어느 시기가 되면 아이들이 꺼내서 보더라는 거다. 그래도 선택을 받지 못한 책들이 있는데 엄마가 읽어준다고 하면 또 재미있게 본다. 아마 아이들 수준에는 어렵거나 아직 아이들에게는 흥미가 없는 분야이기 때문인 것 같다.

생활비가 여유 있을 때는 2~3질도 사고, 경조사 등으로 생활비가 빠듯한 때는 그냥 건너뛰기도 하고 그때 그때 내 상황에 맞추어 구입을 한다. 처음에는 내가 알아서 책을 구입해 줬는데 아들이 초등학교 들어가더니, 사달라고 요구한다. 도서관에서 보고 재미있는 책이거나 친구네 집에 갔는데 재미있는 책이 있으면 사달라고 한다. 그럴 때는 좀 비싼 책이더라도 구입해주려 한다. 아이가 관심 있어 할 때 타이밍을 놓치면 안 되기 때문이다.

그렇게 아이가 관심 있어 할 때 바로 사준 책이 'why 과학시리즈'와 '수학도둑' 이다. 정말 닳고 닳도록 열심히 읽는다. 학습만화책이라 좋아하는 것도 있지만 그 안에 지식적인 부분이 굉장히 많아서 아들과 이야기 나눌 때 깜짝 깜짝 놀란다. 수학도둑도 지난 여름 방학 때 친구 책 빌려보고는 너무 재미있어 하길래 사줬더니 정말 방학 내내 끼고 살았다. 물론 수학 지식부분이 나오는 부분은 건너뛰고 읽기는 했지만

겨울방학에 집앞 도서관에서

꼭 필요한 책은 사서 소장하며 두고 두고 보고, 다른 책들은 무료로
도서관에서 빌려서 읽는 적절한 조화가 필요하지 않나 생각해 본다.

그냥 두었다. 그런데 얼마 전부터 아들이 갑자기 수학에 관심을 갖더니 수학 공부할거라면서 수학도둑 만화부분이 아닌 '수학 설명해주는 면'을 보기 시작했다. 내가 보기에도 어려운 부분이라 이해도 안 될 텐데 어찌나 열심히 읽던지!

"집에 굳이 책을 그렇게 쌓아둘 필요가 있나?"
"책을 낱권도 아닌 전집으로 사주면 애가 바로 질려 버려 더 안 읽는다."

라고 부정적으로 이야기 하는 분들도 있다. 물론 어느 정도는 맞는 말이라고 생각한다. 나도 어릴 때 만약 엄마가 전집 사놓고 "처음부터 다 읽어."라고 했다면 아마 처음부터 질려서 보지 못했을 것이다. 그런데 그건 '책은 꼭 다 읽어야 한다'는 강박관념 때문에 그런 건 아닐까? 보통 부모들은 책을 사주면 이 책 다 읽어야 다른 책을 사준다고 한다. 다른 책을 사달라고 하면 '사준 책도 다 안 읽었는데 무슨 다른 책을 더 사?'라고 한다. 아이가 좋아하는 책도 있고 아닌 책도 있을 텐데 꼭 모든 책을 읽어야 한다면 얼마나 부담스러울까? 나라도 읽고 싶지 않을 것 같다.

엄마의 압박이 없다면 아이는 언제든지 읽고 싶을 때 읽으면 된다.

나는 낱권보다는 전집을 주로 사준다. 이유는 하나이다. 낱권은 비싸지만, 전집으로 사면 훨씬 저렴하기 때문이다. 우리 집에는 수많은 전집들이 있다. 작은 도서관 못지않게 책이 많다. 언젠가 한번은 일산호수공원 작은 도서관에 갔는데, 아이들이 사서선생님에게 "우리 집에 여기보다 책이 훨씬 더 많아요."라고 자랑하며 말을 했다.

비싼 책들은 아니지만, 여러 종류의 책들이 있어서, 매일 매일 다른 종류의 책들을 본다. 어느 날은 자연 관찰 책을 보기도 하고, 어느 날은 창작동화, 또 수학동화, 위인전 등등 골고루 아이들이 도서관에서 책을 고르듯 본다. 지금은 집에 책이 너무 많아서 더 이상 책 둘 공간이 없겠다 싶어 아이들이 꼭 사달라고 하는 책만 구입하고, 나머지는 매일 도서관에서 빌려온다. 도서관 책과 집에 있는 책을 적절히 활용하며 여전히 질리지 않고, 즐겁게 독서를 해나가고 있다. 아들은 종종 학교 도서관에서도 스스로 책을 빌려와 읽기도 한다.

물론, 우리 집처럼 집안 가득 책을 채울 필요는 없다. 하지만 어느 정도 아이가 항상 책을 볼 수 있을 만큼의 책은 있는 것이 좋다고 생각한다. 도서관에서 매번 빌려 읽는 것도 좋지만, 아이들에게는 '나만의 책'도 중요하기 때문이다. 책에 애착심을 갖게 해주기도 하고, 필요할 때에 바로 바로 찾아볼 수도 있어 좋다.

예를 들어 아이와 함께 해변가에 놀이를 다녀왔다고 치자. 그곳에서는 갈매기도 보고 조개나 게 등 다양한 생물들을 볼 수 있다. 집에와서 아이와 즐거운 나들이 이야기도 하면서 직접 봤던 갈매기, 조개에 대해서 책을 찾아본다면 아이에게 이보다 더 좋은 학습이 있을까? 서해에 갔다가 물이 들어왔다 빠졌다 하는 걸 함께 봤다면 왜 물이 그렇게 들어왔다 빠지는지에 대해 같이 책을 보며 이야기해볼 수도 있다.

집에 책이 없다면, 도서관에서 빌려와야 하고, 타이밍이 맞지 않으면 흐지부지 지나가게 마련이지만, 집에 그런 종류의 책이 있다면 그때 그때 아이와 함께 즐겁게 독서하고 공부도 할 수 있으니, 너무 좋다. 직접 눈으로 본 것들이 내 책에도 나오는 신나고 즐거운 경험이 있는 아이들이라면 누구보다 책을 더 좋아하게 될 확률도 높을 것이다.

나는 집을 도서관처럼 꾸밀 필요까지는 없지만 어느 정도의 책은 집에 있는 것이 효과적이라고 생각한다. 집에 책이 있으니 도서관에 갈 필요가 없는 건 아니다. 앞장에서 말했듯이 놀이터처럼 자연스럽게 가서 책보고 다른 사람들도 다 즐겁게 책을 본다는 걸 보여주는 것도 중요하기 때문이다. 집에 어느 정도의 책과 함께 정기적으로 도서관에서 빌려다보는 책으로 골고루 다양하게 읽어주면 더욱 좋다.

세상에는 좋은 책이 너무 많다. 나도 책을 읽기 시작하면서 읽고 싶은 책도 너무 많고 주변에서 추천해주는 책들도 많아서 늘 행복한 고민을 한다. 어제, 오늘 읽을 책 메모해 놓은 권수만 8권이다. 지금 읽는 책 다 읽으면 또 열심히 읽을 것이다. 책은 읽으면 읽을수록 더욱 배울게 많은 것 같다. 세상을 더 크게, 더 넓게 보는 눈을 가지게 해준다고 해야 할까? 그 책들을 다 살 수는 없다. 공간이라는 제약도 있고 금전적인 부담도 있다. 꼭 필요한건 사서 소장하며 두고 두고 보고 다른 책들은 무료로 도서관에서 빌려서 읽는 적절한 조화가 필요하지 않나 생각해 본다. 아이들 책도, 엄마 책도 말이다.

06

눈길 닿는 곳마다 책을 두자

예전에는 대형마트에 가서 장을 보곤 했다. 가기 전에는 분명 살 것이 많지 않았다. 그냥 아이 데리고 집에 있기 답답하니까 장이나 볼까? 하고 간 것뿐이었는데 막상 눈에 보이니 이것도 필요하고, 저것도 필요하고, 이건 1+1 이니까 저렴하니까 사고, 어차피 나중에 쓸 거니까 미리 사놓고, 그렇게 항상 카트 가득 10만원 넘게 돈을 쓰고 돌아오곤 했다. 그 큰 매장을 여기저기 다니고 계산하는 줄 기다리다 계산하고 나오면 서너 시간은 언제 간지 모르게 지나간다. 집에는 항상 그렇게 사다 둔 물품들로 넘쳐난다. 창고며 서랍에 가득 쌓여있고 있는 물건인데 또 사 온 경우도 허다하다. 냉동실에도 그렇게 사다 놓은 냉동식품들로 가득해서 더 이상 들어갈 공간이 없을 정도였다.

그때는 스스로 집 앞 마트보다 저렴하게 구입하니까 난 알뜰한 주부라고 착각했던 것 같다. 그런데 생각해보니 필요한 물품 외에 눈에 띄면 충동구매를 하는거였다. 남편도 워낙 알뜰한 사람이지만 대형마트만 가면 저렴하다는 생각에 마구 카트에 집어 넣었다. 눈에 안 보이면 안 살 물건들을 불필요하게 사게 되었다. 아이들 옷도 충분한데도 저렴하고 이쁘고, 세일하니까 더 사게 되고! 아이들 옷은 특히 한철밖에 못 입는데 그렇게 저렴하다고 사놓고 못 입고 훌쩍 커버리는 경우도 많았다.

'난 항상 아끼고 살았는데 왜 이렇게 카드 값은 많이 나오는 걸까? 남들처럼 비싼 가방 하나 안 사는데!' 라며 늘 억울하다 생각했는데 생활비 점검을 하다가 곰곰이 따져보니 마트에서 충동구매를 참 많이 하고 있다는 걸 알게 되었다. 눈에 안 보이면 살 일도 없는데 안되겠다 싶어서 남편에게 선언했다.

"이제 특별한 일 없으면 대형마트는 안 갈 거야. 좀 더 비싸더라도 집 앞 마트에서 그때 그때 필요한 물건 사다 쓸래. 우린 아낀다고 생각하지만 충동구매도 너무 많이 하고 한번 가면 3~4시간인데 그 시간이 참 아깝기도 해. 그 시간이면 우리 애들 책 하나라도 더 읽어줄 수 있고 아이들이랑 더 좋은 시간을 보낼 수도 있잖아."

처음에 남편은 이해할 수 없다는 눈치였다. 하지만 내 생각이 옳다고 생각해 밀어붙였다. 일주일에 한번 대형마트 가면 최소 10만원은 기본이었는데 정말 집 앞 마트를 이용하니 생활비가 반으로 줄었다. 더 이상 필요 없는데도 사서 쟁여두는 일은 줄은 거다. 게다가 주말마다 마트 장보는데 3~4시간을 버렸는데 그 시간이 남으니 그 시간동안, 아이들과 도서관도 가고, 나들이도 가고, 다양한 활동들을 할 수 있으니 얼마나 좋은지!

눈에 안 보이면 괜찮은데 눈에 보이면 사고 싶고 갖고 싶은 건 어쩔 수 없나보다. 지금도 쇼핑을 굉장히 시간 아깝다고 생각하지만 지나가다 뭔가 보이면 사고 싶어 지갑을 열고 있는 나를 발견하게 된다.

나는 아이들을 어떻게 하면 책을 스스로 알아서 보는 아이들로 만들까? 고민하다가 이런 심리를 이용하기로 했다. 아이들이 생활하는 여기 저기 책을 배치해 두기로~! 일단 아이들이 제일 생활을 많이 하는 거실은 물론이고 아이들 방, 안방, 식탁 옆, 그리고 화장실까지 책을 두기 시작했다. 책에 관심이 없다가도 눈에 띄면 애들이 하나라도 더 볼 수 있으니까! 사실 정말 책을 좋아하는 아이가 아니라면 책이 눈에 보이지 않는데 '책 읽어야지!' 하면서 스스로 책 있는 곳까지 찾아가 책을 읽는 일은 참 드물다. 우리 아이들이 스스로 책 읽는 걸 보니,

보통 하루 종일 생활하는 거실 책들 그리고 밥 먹을때 보이는 식탁 주변에 꽂혀 있는 책들이었다. 화장실 변기 옆에도 책을 둘 수 있는 공간을 만들어 두었는데 큰일을 볼 때면 꺼내 읽기도 한다. 화장실 책은 주로 아이들이 평소 관심 갖지 않았던 책 위주로 두는데 매번 다 보는 것은 아니지만 그래도 한 번씩은 읽는다.

이렇게 아이들 동선에 따라 책을 여기저기 배치해두면 아이들이 평소보다 더 책을 많이 읽을 수 있게 된다. 책도 다 깨끗하게 꽂아두기보다, 한 두 권 정도는, 앞면이 보이게 꽂아 두는 것도 하나의 방법이다. 보통은 책을 꽂아두면 기둥만 보이게 마련이지만 앞면 그림이 보이게 두면 아이들의 눈길을 끄는 경우가 훨씬 많다. 무슨 책이지? 하면서 한번 들춰보기라도 한다. 아이들과 일부러 책을 가지고 놀면서 아이 눈에 자꾸 띄게 하는 방법도 너무 좋다. 기차도 만들고, 탑도 쌓고, 가지고 놀다가 그림보고 맘에 드는 것은 또 털썩 주저앉아 읽게 마련이다. '책은 책장에 예쁘게 꽂아두면 아이들이 알아서 보겠지!' 생각하면 큰 오산이다. 아이가 관심 가지게끔 부모님이 전략을 많이 세워야 책을 한권이라도 더 보는 아이가 될 수 있다.

나는 육아서, 재테크, 자기계발 서적들을 주로 본다. 책이라곤 재테크 책만 읽던 남편도 내가 보던 책들을 식탁 위나 소파에 올려두면 한

번씩 들춰본다. 육아서는 같이 읽자고 해도 '네가 읽고 나한테 좋은 내용은 이야기해주면 되지!' 라고 거부하던 남편도 눈에 띄니까 가끔씩 맘에 드는 책은 읽는다. 정말 놀라운 발전이다. 물론 그렇다고 내가 읽는 모든 육아서를 다 같이 읽는 건 아니지만 그런 식으로 하나라도 더 읽는 것이 참 기분 좋다. 어른들이고, 아이들이고 책이 눈에 자꾸 띄어야 한권이라도 더 읽게 되는 것 같다.

나도 도서관이나 서점을 가면 평소 관심이 없었는데도 이 책도 보고 싶고, 저 책도 보고 싶고, 보고 싶은 책이 어찌나 많은지! 다 읽지 못하더라도 마음만은 항상 다 읽을 수 있을 것 같은 열정이 생긴다. 도서관 안가고 서점 안 가면 보고 싶고 사고 싶은 책도 별로 없는데 말이다. 보이니까 읽고 싶은 충동, 우리 아이들에게도 잘 이용해 보는 건 어떨까?

07

학원보다 꿈이 먼저

요즘은 학원을 안 다니는 아이들이 없을 정도로 모두 학원을 다닌다. 아이들이 좋아하고 잘 소화한다면 문제없지만 아이들이 싫어하고 또 아이들에게 너무 힘든 과도한 학원일정이라면 문제가 있다.

필자는 누구보다 학원의 실상에 대해 잘 안다. 결혼 전에 학원에서 아이들을 가르쳐 본 경험이 있기 때문이다. 부모들은 보통 학원 보내면 '학원 선생님이 알아서 아이들 잘 가르치겠지'라고 생각한다. 그런데 과연 공부 의욕이 없는 아이가 학원에 간다고 공부 의욕이 생길까? 학원 선생님 입장에서 제일 좋은 학생이 바로 '공부하고자 하는 의욕이 있는 아이'이다. 아무리 선생님이 열성적으로 가르친다 해도 '하고자 하는 의욕이 없는 아이'는 어쩔 방법이 없다. '아이가 공부를 재미있게 느끼게 하는 것도 선생의 능력 아니냐?' 라고 생각할 수도 있다. 하지만 20명이 넘는 아이들을 하나 하나 맞춰 재미를 느끼게 하며 가르쳐 줄 수 있을까? 현실적으로 참 어려운 일이다. 물론 다른 선생님에 비해 좀 더 재밌게, 쉽게 가르쳐 주는 선생님은 분명 있다. 하지만 그렇다 해도 아이가 의욕이 없다면! 해결 방법이 없다. 떠 먹이고 싶어도 아이가 입을 열지 않는데 무슨 수로 먹인단 말인가? 억지로 입을 벌려 먹이다간 체하고 반감만 더 생길 뿐이다.

얼마 전 길을 가다가 과외 모집 글을 보았다. 의욕 없는 학생은 절대 받지 않는다는 문구가 인상적이었다. 공부를 못해도 의욕 있는 학생은 서울대도 보낼 자신이 있다고 적혀있었다. 나는 그 과외 선생님이 그동안 의욕 없는 애들을 데리고 얼마나 힘들었으면 저렇게 과외 모집 글을 썼을까 추측이 되었다. 선생님이 아무리 열성적으로 가르치고자 해도 하고자 하는 마음이 없다면 벽보고 말하는 것과 다를 게 없다. 가르치는 선생님도 지치고 의욕이 떨어진다.

학원 중에 시험 봐서 들어가는 학원이 있다. 이런 곳은 참 전략적인 곳이다! 성적이 어느정도 된다는 뜻은 공부를 시키면 하는 아이들이라는 말이다. 공부 하고자 하는 아이들만 선별해서 가르친다는 뜻이다. 의욕이 아예 없는 아이들은 걸러낸다. 공부 하고자 하는 아이들만 가르치니 당연히 성적이 잘 나오는 학원으로 소문날 수 밖에 없다. 그런 학원은 물론 잘 가르치기도 하겠지만 하고자 하는 아이들을 모았기 때문에 더욱 잘 가르치는 학원이 될 수 있는 선순환 구조인거다.

아이가 배우고 싶어서 학원을 보내는 거라면 난 적극 찬성이다. 아이가 원하고 하고자 한다면 보내야한다. 본인이 필요하다 느끼고 의욕이 있어 간다는데 가서 얼마나 열심히 하겠는가! 그런데 그 반대의 경우가 주변에 너무 많아 안타깝다.

과연 진짜 공부하고자 학원가는 아이들이 얼마나 될까? 엄마가 '이 학원은 뭐가 좋다더라, 저 학원은 저게 좋대' 하면서 아이는 원하지도 않는데 스케줄 짜서 학원 보내고 있지는 않은지... 아이가 버거워 하는데도 남들 다 가니까 해야 한다며 학원으로 몰아넣고 있는 건 아닌지... 부모의 불안감을 잠재우기 위해서 학원을 선택한건 아닌지...

아이들이 공부에 재미를 붙여야 할 시기에 오히려 과도한 사교육으로 공부에 진저리지게 만드는 건 아닌지 잘 생각해 보아야 한다. 내가 생각하기에 아이가 공부를 싫어하게 되고 엄마와의 사이도 벌어지게 만드는 지름길은 바로 '과도한 학원 돌리기' 이다. 놀고 싶고, 하고 싶은 게 많은데 하루 종일 학원에서 앉아 있어야 하니 학원이 얼마나 아

잠자리 관찰하기

꽃도 풀도 모든게 흥미롭다.

이들에게는 지옥일까. 그 학원을 억지로 보내는 엄마가 얼마나 미울까?

얼마 전 이슈가 되었던 '잔혹동시' 내용만 봐도 우리 아이들이 가기 싫은 학원을 보내는 엄마를 얼마나 미워하는지 충분히 알 수 있다. 물론, 내용은 너무 잔인하지만 그만큼 학원가기 싫은데 가라고 강요하는 엄마에 대한 미움을 그렇게 표현한 거 아닐까하는 생각이 든다. 정말 심각하게 받아들일 필요가 있다.

학교 다녀오면 바로 이 학원, 저 학원 쉴 틈 없이 다녀오고, 집에 오면 학교 숙제도 해야 하고 다니는 학원 수 만큼의 숙제가 또 주어진다. 하루 종일 학교에서, 또 학원에서 앉아 있기도 힘든데 집에서도 쉬지 못하고 숙제, 또 숙제... 휴~ 생각만 해도 갑갑해진다. '요즘 애들 다 그렇게 하니까 어쩔 수 없잖아!' 라고 생각하기에는 아이들에게 너무 가혹한 생활이다. 잠깐이라면 모를까 초등학교 때부터 대학 들어 갈 때까지 12년을 그렇게 생활하는 요즘 아이들을 보면 참 마음이 아프다. 그렇게 힘들게 공부하고 대학에 들어간 후에는 아이들이 공부를 하고 싶을까?

나는 아이들에게 무조건 공부하라고 하기 보다는 먼저 꿈을 찾게 도와주고 싶다. 무엇을 하고 싶은지, 어떤 사람이 되고 싶은지, 아이들이 많이 탐색해보고 찾아보았으면 좋겠다. 꿈을 위해 공부하는 아이와 엄마가 하라고 하니까 공부하는 아이는 분명 다를테니까.

학습주치의 노규식 박사는 《공부는 감정이다》에서 아이들의 꿈을 지지해 주라고 한다.

"부모가 보기에 자녀가 말도 안 되는 꿈을 꾸고 있다고 해도 무조건 지지해 줘야 합니다. 꿈만큼 학습 동기를 높이고 감정의 기복을 잠재 워주는 묘약이 없습니다. 그러니 '꿈의 힘'을 빌려서 공부를 시키는 작전으로 가겠다고 마음을 먹어주세요.

꿈이 공부에 어떻게 이바지하는지 현석이 이야기에 접목해서 말씀 드리겠습니다. 현석이가 학원 선생님과 싸우는 이유는 '내가 왜 물리 를 해야 하는데', '내가 왜 숨 막혀 가며 수학과 씨름해야 하는데' 처럼 현재 자신을 힘들게 하는 모든 원인이 공부에 있고, 그걸 억지로 시키 는 선생님이 원망스럽기 때문입니다. 하지만 벤처 창업가라는 꿈이 생 겨난 이후 현석이는 '나는 왜 이 문제를 못 푸는 걸까', '나는 왜 이걸 못 해내지'로 사고의 전환이 일어났습니다. 꿈의 묘약이 바로 이겁니 다. 이전에는 귀찮고 자신을 힘들게 한 공부였는데 꿈을 갖게 된 이후 에는 마땅히 자신이 해결해야 할 미션으로 여기게 된 것입니다."

우리 아이들도 꿈이 생기면 공부란 나를 힘들게 하는 것이 아닌 내가 꿈을 이루기 위해 꼭 필요한 것이라고 생각하게 될 것이다. '돈 잘 벌어야 잘 사니까, 좋은 대학 가야 하니까'의 이유로 학원 보내며 공부하라고 하기보다 다양한 독서와 체험으로 많은 것을 듣고, 보고 경험하게 해주어 꿈을 탐색할 수 있는 길을 먼저 열어주는 것이 우선이다.

아이가 꿈을 갖게 되면 노규식 박사의 말처럼 꿈의 묘약의 효과를 톡톡히 볼 수 있지 않을까? 왜 공부해야 하는지도 모른채 억지로 하루 12시간 책상에 앉아 있는 아이와 기꺼이 꿈을 위해 책상에 12시간 앉아 공부하는 아이는 분명 다른 차이가 있다.

미래의 행복을 위해서 지금을 무조건 희생하라고 강요하는 것은 아이에게 가혹한 일이다. 같은 공부를 하더라도 기꺼이 즐겁게 할 수 있도록 부모가 노력을 많이 기울여야한다. 내 사랑하는 부모님이 내 꿈을 적극 지지해 준다면 그 아이는 얼마나 더 신이 나서 꿈을 향해 나아갈까? 필자는 내 두 아이들이 꿈을 꾸고, 그 꿈을 이루기 위해 노력하여 가슴 뛰는 인생을 살길 바란다.

08

맘껏 놀아야 한다

내가 어린 시절에는 학원 다니는 아이들이 많이 없었다. 다녀봐야 웅변이나 피아노, 주산학원 정도였다. 학습관련 학원은 중학교에 들어가 처음 다녀본 기억이 난다. 초등학교때는 학교 끝나면 친구들이랑 동네를 뛰어다니며 신나게 놀았다. 얼음 땡, 비석치기, 줄넘기 등등 참 다양한 놀이를 하며 하루 종일 즐겁게 보냈다. 굳이 운동을 따로 하지 않아도 평소 맘껏 뛰어 놀기 때문에 운동도 필요 없었다.

그런데 요즘 아이들은 그렇게 전혀 놀지 못한다. 내가 사는 아파트에는 단지 안에 초, 중, 고등학교가 다 있다. 아이들이 굉장히 많음에도 불구하고 놀이터에서 아이들을 보기가 참 힘들다. 다들 학원 가느라 애들이 놀이터에서 놀 시간이 없다. 아이 친구 엄마들에게 '난 우리

동 근처엔 애들이 없는 줄 알았다' 니까 다들 그랬다고 한다. 놀고 싶으면 엄마들끼리 서로 약속을 잡아야지만 함께 놀 수 있다. 같이 놀고 싶어도 다들 학원 스케줄이 달라서 그나마도 시간 잡기가 참 힘들다. 하루 한 시간만이라도 친구들과 실컷 놀게 해주고 싶은데 아이 친구들 스케줄이 너무 바쁘니 약속 잡기도 참 어렵다.

아들이 처음 학교 입학했을때 반 엄마들이 일주일에 한번 축구 교실에 함께 보내자고 했다. 이유가 궁금해서 "왜 다 같이 운동을 하는 거예요?" 물어보니 친목 도모 겸 운동도 할 겸 하는 거라고 했다. '운동은 알아서 하면 되지' 쪽 반 친구들 다 모여 운동을 할 필요가 있나 싶었는데, 그 시간 아니면 친구들을 따로 만나 놀기 힘드니까 함께 하는 것이다. 우리 아이들도 친구들과 함께 다니는 운동이 아니면 친구들을 따로 만나기 힘들다. 어쩌다 이렇게까지 된 건지! 요즘 아이들이 너무 불쌍하고 안됐다는 생각이 든다.

요즘 아이들은 우리 어렸을 때에 비해 책도 참 많이 읽는다. 초등학교 1학년때 아들 숙제는 거의 매일 독서 30분이었다. 독서 30분은 매일 숙제였고 어쩌다 한번씩 수학익힘책 풀기 정도였다. 다른 아이들은 그 많은 학원에 학교 숙제, 학원 숙제 그리고 독서까지 다 어떻게 해내는지 정말 신기하다.

아들이 방과 후 수업도 있고 운동도 가는 날은 정말 하루가 빠듯했다. 3시에 학교가 끝나고 집에서 잠깐 간식 먹고 1시간 운동 다녀오면 왔다 갔다하는 시간 합쳐 2시간이 소요되니 별로 한일없이 숙제하고 저녁 먹고 씻으면 잘 시간이다. 그런 날은 놀지 못했다고 속상해한다. 학교수업만 있고 아무것도 안 하는 날에는 시간이 많이 남으니, 책을 읽을 때 정말 천천히 음미하면서 구석구석 몰입해서 보는 게 눈에 보이는데 시간이 많지 않는 날은 대충 대충 보는 게 너무 티가 난다. 놀아야 하는데 시간은 없고, 책은 읽어야 하니 대충 보고 넘어 가는 것이다. 아들이 방과 후 수업을 좋아한다지만 뭔가 시간 조율이 필요한 것 같아서 운동을 가야 하는 날은 방과 후 수업을 잠시 빼자고 설득했다. 그랬더니 이제는 시간이 여유 있고 다시 책을 꼼꼼하게 보기 시작했다.

아이들은 실컷 놀아야 책도 읽을 수 있다. 하루 종일 놀지 못하고 학교 끝나고 이 학원, 저 학원 힘들게 다녀와서 또 책을 읽어야 한다면 어느 아이라도 책 읽는 것을 좋아할 수 없을 것 같다. 숙제여서 또는 엄마가 읽으라니까 읽긴 하는데 과연 머릿속에 책 내용이 들어갈지 의문이다. 눈으로 문자는 읽더라도 내용은 머리에 안 들어가지 않을까? 머리를 비울 새도 없이 하루 종일 학교, 학원에서 공부하다 돌아왔는데 책이 또 재미있게 느껴지는 아이가 있다면 난 정말 그 아이가 대단

판교 아비뉴 프랑에서

작은아빠, 사촌형과 함께 눈썰매 타기

아이들은 놀이를 함으로써 지능계발, 적성 발견은 물론 사회성, 인성을 기를 수 있다.

하다고 생각한다. 아무리 책을 좋아하는 아이들이라도 노는 것보다 책
보는 게 좋을까?

아이들은 우선 실컷 놀아야 한다. 노는 건 아이들에게 당연한 권리
이다.

"아동은 휴식과 여가를 즐기고 자신의 나이에 맞는 놀이와 오락 활
동에 자유롭게 참여할 권리가 있다"

유엔 아동권리협약 중 31조 '놀 권리'에 해당하는 내용이다. 2013
년 기준 한국 아동들의 삶의 만족도는 100점 만점에 60.2점 OECD 국
가 중 최하 점수를 기록했다. 해외는 오히려 놀이정책을 더욱 확대하
는 추세라고 한다. 영국은 교육과 놀이 기회를 공평하게 제공하기 위
해 2008~2020년 장기 놀이정책 계획을 수립해 시행중이고 전 지역
에 안전하고 흥미를 끌 수 있는 놀이터와 공원을 만들고 놀이 관련 전
문 인력을 양성하고 있다. 초등학교 평가 기준에 놀이영역도 포함시켰
다고 한다. 프랑스 역시 학습량을 줄이고 여가, 취미, 스포츠 활동을
확대하고 있다. 그런데 우리나라는 어떤가?

황옥경 한국아동권리학회 회장은 "아이들은 놀이를 통해 자신이 무
엇을 잘 할 수 있는지 잠재적인 소질을 발견하고 남과 어울려 사는 방

법, 위기를 극복하는 법 등 살아가는데 필요한 많은 것을 배운다. 현재 절대적으로 부족한 아이들의 놀이 시간과 공간을 확보할 수 있도록 정부의 정책적 지원과 부모의 노력이 절실하다"고 강조한다.

아이들은 놀이를 함으로써 지능계발, 적성 발견은 물론 사회성, 인성을 기를 수 있다. 아이들의 놀 권리가 보장되지 않는다면 아이들의 미래 사회가 어떻게 될지 참 걱정이다.

"인간이 가진 부정적 정서를 극복하고 소망을 충족시키는 힘이 놀이에 있다." – 로이트 –

초등학교 학생들이 학교 안에서 매주 한 시간만 놀았는데도 공부 태도는 물론이고 학생들의 학교에 대한 전반적인 만족도가 높아졌다는 것이 연구 결과로 확인됐다.

국제 구호개발 비영리단체인 세이브더칠드런은 명우임상심리연구소에 의뢰해 시흥초등학교 4학년, 6학년 학생 58명(실험집단 30명, 통제집단 28명)을 대상으로 놀이의 효과를 조사했다. 학교에서 수업 대신 일주일에 한 시간 마음껏 뛰어논 학생들(실험집단)은 뛰어놀기 전과 비교해 공부에 대한 흥미와 태도 점수가 6%포인트 오른 것으로 조사됐다. 특히 하위 10%(3명) 학생들의 공부 태도 점수는 21%포인트나 올랐다. 반면 정상 수업을 한 통제집단은 큰 변화가 없었다.

놀이의 효과는 이뿐만이 아니다. 놀이 참여 학생들의 또래 관계 수치가 9% 포인트 가까이 올랐고 교사에 대한 만족도 수치도 11% 포인트 올랐다. 이외에도 학생들이 협동하고 자기주장을 펼치는 등 사회성 기술도 전보다 10% 포인트 올랐다. 반면 불안감이나 우울감, 공격성 등은 5~8%포인트 이상 줄어든 것으로 나타났다.

《베이비트리 양선아 기자 기사 내용중》

위 연구결과로도 놀이의 효과를 입증할 수 있다. 하루 종일 책상에 앉아 공부만 하는 아이들은 정신적으로 병들 수 밖에 없다. 어른들도 쉬지 못하고 매일 일만 하면 스트레스 받고 심해지면 우울증이 생긴다. 그런데 하물며 아이들은 오죽할까. 몸도 마음도 건강한 아이들로 키우기 위해서는 놀이는 선택이 아니라 필수이다. 내 아이를 위해 보내는 학원이 너무 과도한 사교육으로 내 사랑하는 아이를 병들게 하고 있는 건 아닌지 생각해 보아야한다.

09

절대 비교하지 않기

아이를 키우면서 항상 옆집 아이와 비교를 하게 된다. 아기 때부터 '누구는 벌써 걷는데 우리 애는 아직 못 걷네' 좀 지나면 '누구집 애는 말도 잘하던데 왜 우리 애는 말이 느리지?' 대여섯살 쯤 되면 '누구는 벌써 한글도 떼고 영어도 하네' 정말 끝도 없이 주변 아이들과 우리 아이들을 비교하게 된다. 내 애가 다른 집 애들보다 뒤처지는 일이 마치 내 자존심이 상하는 것 마냥 되어버린다. 심지어는 내 아이들 둘을 두고도 비교하는 나를 발견한다. 비교하려고 한건 아니지만 생각 없이 무심코 내뱉은 말로 아이들은 상처받는다.

나는 영어그림책을 두 아이를 함께 앉혀 읽어준다. 언어쪽에 더 발달한 둘째가 어린데도 불구하고 몇 번만 읽어줘도 내용을 따라한다.

첫째는 둘째보다 배우는 속도가 좀 더디다. 한번은 그동안 읽었던 영어그림책을 한번 씩 읽어보기로 했다. 동생은 술술 읽는데 자기는 더듬 더듬 잘 못하니까 기가 죽는 눈치였다. 둘째는 오빠보다 자기가 더 잘하니까 더 신나서 책을 가져와서 엄마, 아빠에게 읽어주었다. 신이 난 딸에 비해 동생의 의기 양양한 모습에 기가 죽는 아들을 보고는 혹시라도 영어에 대한 반감이 생길까봐 같이 한번 읽어주고는 끝을 낸다. 그 이후로 영어책을 읽을 때 한명씩 읽어보기는 하지 않았다.

반대로 셈의 경우는 첫째가 잘한다. 그러면 또 반대로 둘째가 기가 죽는다. 이렇게 두 아이만 보더라도 능력이 다르고 잘하는 것이 다르다. 같은 나이라 하더라도 좋아하는 것이 다르고 잘하는 분야가 모두 다르다. 그런데 우리는 같은 또래 아이들을 두고 비교를 끊임없이 하곤 한다. 그렇게 비교하면서 불안해한다. 내 자식만 뒤떨어질까봐 조바심이 나게 마련이다. 하지만 부모는 그런 불안함을, 그런 조바심을 아이에게 들켜선 안 된다. 다른 아이들과 비교하기 시작하면 끝도 없을뿐 아니라 아이들에게는 큰 상처가 되기 때문이다.

나는 남동생이 한명 있다. 어릴 때부터 워낙 똑똑했다. 나와는 다르게 뭐 하나를 가르쳐 주면 금방 배우고 익혔다. 소위 머리가 좋은 아이였다. 초등학교 다닐 때 공부를 전혀 하지 않다가 시험전날 엄마가 동생 공부를 하루 봐주셨다. 그랬더니 바로 전 과목 100점을 맞아왔다. 하루 전날 몇 시간 공부한 게 다였는데 말이다. 공부를 많이 하지 않는 듯해도 항상 상위권을 유지했다. 워낙 똑똑한 동생을 둔지라 나는 항상 비교당하기 일쑤였다. 밖에서는 나도 나름 평균이상은 되는 아이인데 동생에 비하면 머리가 나쁜 아이가 되었던 거다. 나는 그렇게 동생과 비교 당하며 내 머리가 정말 나쁜 줄 알았다. '난 머리가 나빠서 해도 안 될거야!' 라고 생각했던 적도 있다.

고 1때 담임 선생님이 임신으로 휴가를 가시고 잠시 오셨던 선생님께서 나를 부르셨다. "넌 학교 들어올 때 성적은 좋았는데 왜 지금은 공부를 안 하니?" 라고 물으셨다. 내가 다닌 고등학교는 주변에서 공부 잘한다고 하는 아이들이 시험 봐서 들어가는 곳이었다. 공부 잘하는 친구들이 많이 모여 있어서 '공부를 열심히 해도 난 저 아이들보다 머리가 나빠서 성적이 안 나올 거야!' 라며 지레 겁먹고 공부를 포기했었다.

"선생님, 여기는 공부 잘하고 머리 좋은 애들이 너무 많아서 저는 공부해도 잘 못할 것 같아요."라고 말씀드리니 선생님께서 "무슨 소리야. 너 머리 좋은데!" 하셨다. "아니에요. 저 머리 나빠요." 절망적인 얼굴로 말씀 드렸더니 선생님께서 "원래는 아이큐는 학생에게 알려주면 안되는데 네가 오해하고 있는 것 같으니까 선생님이 보여줄게." 하시며 아이큐를 보여주셨다. "봐~! 너보다 아이큐 좋은 친구 몇 명 없어. 충분히 할 수 있다고!" 나는 그때 내 아이큐를 보고 정말 놀랐다. 나는 머리가 나쁘다고 생각하며 살았는데 알고 보니 동생보다 낮을 뿐 내 머리가 결코 나쁘지 않았다.

부모님께서도 나와 남동생 둘을 보고 비교를 하다 보니 '동생은 머리가 좋고 첫째는 머리가 나쁘구나' 라고 단순하게 생각하신 모양이다. 그런데 그런 부모님의 비교가 나를 얼마나 주눅 들고 기죽게 만들었는지 모른다. 그 비교 하나로 '나는 안되나 보다!' 라고 생각하며 지레 포기하는 아이가 되었었으니까. 지금 생각해보면 그 선생님이 나에게는 굉장한 은인이시다. 정말 감사한 분이다.

공부를 할 때마다 항상 나보다 잘하는 동생으로 인해 부모님께 비교당하며 살아왔던 나는 '아~ 나는 해도 안 되네!', '어차피 열심히 해도 동생보다 못 할텐데 뭐...' 이런 생각들이 지배적이었다. 그런데 "너 머리도 좋고 할 수 있어!"라는 말 한마디로 "나도 모든 하면 할 수 있겠구나!"라는 자신감이 생겼다. 물론 그 이후 바로 공부를 열심히 했던 건 아니다. 하지만 훗날 내가 뭔가를 하고자 할 때는 전과는 다르게 자신감을 가지고 열심히 했다. 늘 동생에게 비교당하며 주눅 들어서 '해도 안될텐데~' 했던 내가 '난 모든 할 수 있어!' 하는 아이가 된 것이다.

나는 그 일로 생각했다. 부모의 말 한마디로 '이렇게 포기하는 아이를 만들 수도 있구나. '난 해도 안 돼' 라는 생각이 이렇게 위험한 것이구나!' 하고 큰 깨달음을 얻었다. 절대 '내 아이들은 비교하지 말자!' 라고. 그런데 아이를 낳고 같이 키우다 보니 나도 모르게 비교를 하게 되는 일들이 많았다. 그럴 때면 더욱 내 어린 시절을 기억하며 반성했다.

내 아이를 있는 그대로 바라보기로 했다. 누가 더 잘하고, 못하고 비교하지 않기로 했다. 내가 비교하지 않았는데도 본인들이 스스로 비교를 하면서 주눅 들려 하면 아이들에게 "누구나 더 잘하는 게 있고 못하는 게 있는 거야. 그리고 처음부터 잘 하는 사람은 아무도 없어. 많이 해보고 연습하면 잘 하게 되는 거지. 우리 처음 인라인 탔을 때 중심잡고 서 있지도 못했지? 그런데 지금은 어때? 많이 타보고 연습했더니 잘하게 되었잖아. 모든 그런 거야. 많이 안 해봐서 서툰 것뿐이지 많이 연습하면 모든지 나 잘할 수 있어. 잘 안되면 열 번, 백번 더 연습하면 되는 거고!"라고 말해준다.

그랬더니 아이들이 처음에는 남들보다 뭘 못하면 '난 누구보다 이

것 잘 못해' 하면서 실망했는데 지금은 "난 처음이라 잘 못 하는 거지? 많이 연습하면 잘 할 수 있어!" 하면서 주눅 들지 않고 열심히 한다. 아이들의 생각이나 행동들을 보면서 부모의 행동이나 말 한마디가 얼마나 아이에게 큰 영향을 끼치는지 알 수 있게 되었다. 나는 항상 동생보다 머리가 나쁘다는 부모님의 비교를 받으며 '해도 안 될 거야!' 라는 생각으로 주눅 들어 있는 아이였는데 우리 아이들은 모든 '많이 연습하면 되는구나. 모든 할 수 있구나!' 라고 생각하며 항상 자신감 있고 도전하는 아이들이 되고 있으니 말이다. 부모님의 말 하나 행동 하나가 참 중요함을 느낀다.

사람이 살아가는데 있어 '난 할 수 있어!' 라고 생각하고 사는 사람과 '난 해도 안 되는 사람이야' 라고 생각하고 살아가는 사람은 분명 그 과정이나 결과가 달라진다. '나는 할 수 있다' 는 생각으로 사는 사람이 훨씬 성공할 확률이 높다.

고등학교 1학년 때부터 고등학교 2학년 1학기 때까지 거의 공부에 손을 놓았었다. 말 잘 듣고 착실하던 내게 사춘기가 무섭게 찾아온 것이다. 1년반을 놀다가 다시 공부해야겠다는 마음을 먹었을 때는 영어단어 10개가 그렇게도 외우기 힘들었다. 같이 외우기로 한 짝꿍은 금방 외우고 다른 공부를 하는데 난 도무지 잘 외워지지 않았다. 그때 나는 자신감 제로의 학생이었다. 이렇게 쟁쟁한 아이들 속에서 내가 과연 잘 해낼 수 있을까? 그런 생각들로 가득했다. 머리가 돌처럼 느껴졌다. 어쩜 그리 안 외워지던지! 그런데 '난 할 수 있다' 는 자신감을 가지고 공부를 하던 때에는 똑같은 영어단어를 몇 분이면 완벽하게 다 외우게 되었다. 몇 번 보면 다 외워져서 신기할 정도였다. 어떻게 똑같은 내 머리로 공부를 하는데 그때는 단어 10개를 그렇게 못 외웠는데 또 어떨 때는 그렇게 천재인 마냥 단어를 외울 수 있었을까? 혼자 생각해 본적이 있다.

"'난 머리나쁜 사람' 이라는 편견을 상기하는 것 자체만으로 성적이 크게 떨어진다." – 스틸교수 –

"지능은 어떻게 바라보느냐에 따라 고무줄처럼 줄기도 하고 늘어나기도 한다." – 드웩교수 –

'나는 머리가 나빠.'
'나는 해도 안돼.'

이런 생각만으로도 머리가 안 돌아간다. 해도 안 되는 사람이 되어 버린다. 양자물리학이나 끌어당김의 법칙을 거론하지 않더라도 주변을 둘러보면 충분히 이런 일은 많다.

'난 할 수 있어.'

'다들 하는데 나라고 못하겠어?'

라고 생각하면 무엇이든 할 수 있게 된다. 같은 것을 가지고 긍정적으로 생각하느냐, 부정적으로 생각하느냐에 따라 엄청난 차이가 난다. 내가 같은 영어단어 10개를 한때는 어렵게 외우고 한때는 천재인 마냥 쉽게 외웠던 것처럼.

Chapter **04**

〈제 4 장〉
독서육아를 통한 변화

대나무 중에 최고로 치는 '모죽'은 씨를 뿌린 후 5년 동안 아무리 정성껏 물을 주고 가꾸어도 싹이 나지 않는다. 하지만 5년이 지난 어느 날 손가락 만한 죽순이 돋아나고 주성장기인 4월이 되면 갑자기 하루에 80cm씩 쑥 쑥 자라기 시작해 6주 동안 하루도 쉬지 않고 30m까지 자란다. 왜 5년 동안 자라지 않았던 걸까 궁금해 많은 학자들이 뿌리를 조사했다. 땅을 파 보았더니 대나무 뿌리가 사방으로 뻗어나가 4킬로미터가 넘도록 땅속 깊숙이 자리 잡고 있었다고 한다.

30미터까지 자란 모죽은 뿌리가 약하면 강한 비바람에 뿌리까지 뽑혀버 리고 만다. 하지만 5년 동안 숨죽이며 뿌리를 튼튼히 내린 덕분에 태풍에 도 끄떡없는 힘을 가지게 된 것이다. 나는 독서 교육이야말로 아이들이 평생 가지고 갈 이런 뿌리를 만드는 일이라 생각한다. 당장에는 큰 변화 가 보이지 않아도 우리 부모들은 아이가 튼튼히 뿌리를 내릴 수 있도록 기다려 줘야 한다. 그러면 5년 동안 뿌리를 내리고 한번 새싹이 나오면 쉬 지 않고 뻗어나간 모죽처럼 우리 아이들도 강한 아이들로 클 수 있지 않 을까?

일산 호수공원 작은도서관에서

나는 아이들에게 책이
친구이자 삶의 안식처가 되었으면 좋겠다.

01

저절로 한글이 읽혀요!

연년생인 아들이 5살, 딸이 4살 되었을 때 한글 학습지를 했다. 그때 내가 일을 하고 있어, 아이들을 제대로 돌봐줄 수 없어 놀겸 한글도 배울겸 학습지를 시켰다. 둘이 같이 방에 들어가 스티커도 붙이며 즐겁게 수업을 받았다. 워낙 바빴고 귀찮기도 해서 아이들 수업 끝나면 복습 같은 건 전혀 해주지 않았다. 선생님께도 "아이들이랑 재미있게 놀이하다 가시면 됩니다."라고 말씀 드렸더니 정말 신나게 놀다만(?) 가셨다. 한글깨치기, 수학깨치기, 창의력깨치기 3과목을 했는데 3과목 수업을 15분~20분 정도 수업하고 가셨다. 알고보니 그 선생님께서 정말 대충 하고 가셨던 거다. 워낙 남한테 싫은 소리 못하는 성격에 아이들이 재미있어하니 그냥 수업을 유지했다.

그렇게 시간이 흘러 1년 가까이 한글 학습지를 했음에도 아이들이 기억, 니은 하나도 깨우치지 못했다. 선생님이 일주일에 한번 오셔서 한 과목당 5분정도 대충 보여주고 가시니 당연한 결과이다. 학습지는 선생님과 잠깐 만나기 때문에 엄마가 얼마나 활용해주느냐에 따라 결과가 달라지는데 바쁘다는 핑계로 한 번도 봐주지 않은 내 잘못이었다.

이건 아니구나 싶어 학습지를 끊고 아무것도 하지 않은 채 오로지 책 읽기만 하기 시작했다. 다른 아이들은 한글을 벌써 읽네 마네 해도 신경 쓰지 않기로 했다. 처음엔 나도 한글을 가르쳐보려 했는데 도저히 답답해서 안 되겠다 싶었다. 남의 자식은 친절하게 가르칠 수 있지만 오히려 내 자식은 평정심을 유지하기가 더 힘들다. 괜히 한글 가르치겠다고 애랑 싸우면서 공부를 싫어하게 만드느니 차라리 가르치지 말자고 결심했다. 그냥 꾸준히 책만 열심히 읽어주기로 했다. 독서의 효과에 대해 믿음이 컸기에 흔들리지 않기로 했다.

아들이 5살 되던 해 9월에 본격적인 독서 육아를 시작했다. 열심히 책을 읽어 주었다. 어떤 분이 책 읽을 때 책 겉표지 제목 정도만 손으로 같이 짚으며 읽어주었더니 한글을 쉽게 떼었다는 이야기를 보고 나도 따라해 보았다. 책 읽기 전에 한자 한자 짚어가며 제목을 함께 읽었다. 그게 반복되니 아이들이 통문자로 하나씩 알아갔다. 참 신기했다.

그렇게 책을 꾸준히 읽으니 축복이는 7살 되어 스스로 책을 읽을 정도가 되었다. 딸은 6살 여름쯤 책을 줄줄 읽기 시작했다. 기간으로 따지면 독서 육아를 시작한지 아들은 1년 6개월, 딸은 2년 만에 한글을 뗀 셈이다. 오빠가 동생보다 기간이 짧았던 이유는 어린이집에서 한글 노출이 더 많이 되었기 때문인 것 같다.

사실, '한글 안 가르쳤는데 아이가 스스로 책을 읽더라' 라는 이야기를 들으면 '그 집 아이는 영재인가보다' 라고만 생각했다. '어떻게 가르치지 않았는데 한글을 읽나?' 면서 말이다. 그런데 직접 경험해보니 책만 꾸준히 읽힌다면 어느 아이라도 한글을 어렵지 않게 뗄 수 있다는 거다. 핵심은 바로 노출이다. 매일 매일 글자를 접하면 자연스럽게 익혀지는 것이다.

필자는 아이들에게 영어도 그림책은 읽어주지만 알파벳은 가르치지 않고 있다. 어느 날 영어 그림책을 읽다가 아들이 "go"를 보더니 "엄마 이거 '고' 지?" 하고 물었다. 너무 깜짝 놀라서 "너 이거 '고' 인 거 어떻게 알았어?" 하고 물어보니, 이 책에도 있고 다른 책에도 똑같이 "go"가 있었다고 하면서 그 책을 가지고 와서는 보여 주었다. '아~ 한글도 이렇게 책 읽기로 통문자로 익혔는데 영어도 똑같이 되는 구나' 싶어 어찌나 신나던지.

보통 한글 가르칠 때 단어 카드도 이용하고, 단어카드를 이용해 낚시놀이도 하고, 집안 물건마다 이름을 써서 붙이기도 한다. 아이들에게 많이 노출될수록 한글을 익히기 쉬우니까. 이런 방법도 한글 가르치기에 좋은 방법이다. 하지만 나는 워낙 게으른 엄마라 책 읽어주는 게 제일 편하고 쉬웠다. 책만 있으면 준비할게 없으니까 말이다.

독서도, 한글도, 영어도 모두 노출이 제일 중요 하다는 걸 아이들 독서 육아를 할수록 깨닫게 된다. 엄마, 아빠가 책 읽는 모습을 많이 보여주고 도서관에서도 많은 사람들이 책 읽는 모습을 보여주면 아이들이 '책 읽는 건 당연한 것이구나. 재미있는 거구나!' 라고 생각하게 되듯이.

매일 몇 권의 책만 꾸준히 읽어주면 한글 깨치기 어렵지 않다. 시간이 걸릴 뿐이다. 굳이 돈 내가며 학습지 선생님 부를 필요도 없다. 단기속성으로 한글 배우러 학원 보낼 필요 전혀 없다. 그 돈으로 차라리 아이가 재미있어하고 좋아할 만한 책을 사서 내 품에 안고 즐겁게 책을 읽어 주는 게 훨씬 도움이 된다. 한글 가르치면서 애랑 싸우지 않아도 되고 책만 읽어주면 되니 얼마나 편하고 좋은가!

책 읽기 외에 평상시에 간단하고 재미있게 아이와 한글 공부 하는 방법은 바로 아이와 밖에 다닐 때 간판 읽어보는 것이다. 손잡고 마트 가면서 '00마트', '00미용실', '00세탁소' 등등 신나게 읽으면서 가는 거다. 주차되어 있는 차가 있으면 차량번호를 읽어 보는 것도 큰 도움이 된다. 숫자공부도 자연스럽게 되니 일석이조이다. 책상에 앉아서 지루하게 'ㄱ, ㄴ' 쓰면서 하는 공부보다 훨씬 효과도 좋고 아이들도 좋아한다.

나는 아이들이 '공부란 참 재미있는 것 내가 알고자 하는 것을 즐겁게 배울 수 있는 것'이란 생각을 가졌으면 한다. 그렇게 하기 위해 필요한 것이 바로 '직·간접경험으로 배경 지식 넓혀주기, 꾸준한 독서로 학습기초 만들어주기, 공부 강요하지 않기'이다.

언제까지나 공부가 재미만 있을 수는 없다. 분명 힘들고 어려워지는 시기가 올 테니까. 하지만 내가 해줄 수 있는 한은 아이가 즐겁게 배울 수 있게 환경을 만들어주고 좀 더 커서 힘든 공부를 해야 할 때는 본인의 꿈을 이루기 위한 과정으로 극복해내길 바래본다.

02

글쓰기가 신나요

아이들이 떠듬떠듬 한글을 읽기 시작하더니 어느 순간부터는 글씨를 쓰기 시작했다. 6살때 딸내미가 친구들에게 편지를 쓰겠다면서 편지를 쓰는데 소리 나는 대로 받침도 다 틀리면서 어찌나 열심히도 쓰는지. 본인이 한글을 읽는 것이 또 글씨를 쓰는 것이 재미있고 신나는 듯 했다. 놀다가도 틈틈이 흰 종이를 가지고 와서는 친구 한명 한명에게 편지를 썼다. 어린이집에 갔더니 선생님께서 딸이 친구들에게 편지 쓰는 걸 참 좋아한다고 말씀하셨다. 어느 날은 엄마, 아빠에게도 편지를 써왔는데 이게 우리 딸이 쓴 게 맞아? 싶을 정도로 큰 도화지에 그림도 그리고 편지도 썼다. 모르는 건 선생님께 여쭤가면서 한자 한자 쓴 모양이었다. 어찌나 감동이던지!

스스로 읽고 쓰는 모습이 어찌나 신기하고 또 기특했는지 모른다. 폭풍 칭찬을 아끼지 않았다. 그랬더니 아이들이 더 신나서 글씨쓰기를 했다. 글자 받침이 틀려도 틀렸다고 지적하면 글씨쓰기에 흥미를 잃을 까봐 칭찬만 주로 해주었다. 받침이야 시간이 지나면서 차차 알아가게 되는 거니까. 1학년때 아들은 학교 숙제로 받아쓰기와 그림일기, 독서록 작성을 했는데 선생님께서 받아쓰기 할 때만 받침을 체크해 주셨다. 받아쓰기 외에는 받침 틀렸다고 체크를 안 해주시니 너무 좋았다. 일기 내용 중 아이가 느낀 걸 적은 부분에 줄을 긋고 코멘트를 달아주시는데 어찌나 감사하고 좋았는지 모른다. 코멘트도 어찌나 정성스럽게 써 주시는지! 읽어보는 내가 다 감동일 정도였다.

글 쓰는 것이 목적임에도 불구하고 많은 분들이 글씨 쓴 받침을 더 신경 쓴다. 당장 눈에 보이니 가르쳐주고 싶어서 그러겠지만 그럴 경우 받침은 배우게 되더라도 아이가 글쓰기에 대한 흥미를 잃을 수 있어 금물이다. 나는 다행이 아이들 담임 선생님을 좋은 분 만나서 너무 좋았다. 딸도 이번에 초등학교에 입학했는데, 좋은 분 인것 같다.

글씨쓰기와 받아쓰기 받침에 대해 지적을 안 하고 격려를 주로 해주니 아이들이 글쓰기에 대한 부담감이 없는 듯 했다. 독서록이나 그림일기를 쓰는걸 보면 쓰고 싶은 내용이 많아서 칸이 부족하다면서 밑에 종이를 더 붙여야 되나, 아님 뒷장에 더 써야 하나 고민도 종종 했다. 물론 아직은 생각은 많은데 요약이나 정리가 잘 안되어 양이 많은 이유겠지만 앞으로 차차 나아지리라 믿는다. 내가 어릴 때를 생각해보면 일기 쓸 때 쓸 이야기가 없어서 몇 줄도 간신히 썼던 기억이 나는데 아들을 보니 '역시 다르구나' 라는 생각이 든다.

사람은 먹으면 배설을 하듯이 글쓰기는 '많이 읽으면 자연스레 나오는 것' 이라고 한다. 책을 많이 안 읽었을 때는 나도 글 쓰는 게 참 어렵게 느껴졌다. 그런데 책을 많이 읽고 시간이 지나니 글 쓰는 게 생각만큼 어려운 게 아니게 되었다. 글을 잘 쓰는 사람 중 책을 많이 읽지 않는 사람이 없는걸 보면 맞는 말인 것 같다. 어찌 보면 너무 당연한 이야기이다. 글에 노출이 많이 되고 좋은 글을 다양하게 많이 접해 다양한 생각을 해보았으니 글쓰기가 자연스럽게 나올 수밖에...

별것 아닌 것 같지만 아이들도 많이 읽어서인지 잘 쓰지는 못하더라도 글쓰기를 좋아하는 아이들이 되었으니 참 감사한 일이다.

아이 학교에서는 독서권장을 위해, 책을 많이 읽고 독서록을 많이 작성한 친구들에게 상을 준다. 1학년때 축복이가 독서왕을 받아왔다. 상받기전 선생님께서 집계를 냈는데 아들이 2등이라고 하셨단다. 독서록 개수로는 다른 친구가 많지만 아들이 내용을 꽉 채워서 잘 써서

2등이고 독서록 개수는 더 많아도 내용이 부실했던 친구는 등수를 내려서 준다고 하셨단다. 물론 그 2등은 중간 집계였고, 그 이후에 다른 친구들이 작성을 더 많이 했는지는 모르겠다. 한반에 10명 정도 독서왕을 뽑아서 줬는데 등수는 없다.

어떤 사람은 한반에 10명씩 주는 상이라 의미 없다고 한다. 하지만 나는 의미 없다고 생각하지 않는다. 아이가 열심히 정성껏 독서록을 작성해서 그 노력을 인정받은 거니까. 나에게는 그리고 우리 아들에게는 엄청 의미 있는 상이다. 동생도 오빠 상장 보고는 자기도 받고 싶다고 한다. 그래서 "너도 내년에 열심히 책 읽고 독서록 쓰면 상장 받을 수 있어." 라고 말해줬다.

아들이 독서록 2등이라며 신나서 온날 "누가 1등이야?" 물어보니 친한 친구가 1등이라고 했다. 아들이 혹 2등 한 거 서운했을까봐 "에이~우리도 더 많이 쓸걸 그랬나? 그럼 1등할 수 있었는데 아쉽다." 했더니, 아들이 "아냐, 엄마 2등도 대단 한거야!" 라고 대답했다. 그 표정을 보니 '아! 내가 실수했구나!' 싶었다. 난 아들보다 부족한 엄마였다.

"그래, 맞다. 1등이 중요한 게 아니지? 우리 아들이 열심히 해서 받았으니 2등도 최고다!"

주위 아이들과 비교를 하지 말아야지 하면서도 나도 모르게 비교하고 있었던 거다. 항상 불행한 1등보다는 행복하고 자존감 높은 아이로 키우자고 생각했으면서도 내 마음 깊은 곳에서는 1등을 바라고 있었다. 깊이 반성했다. 절대 그러지 말자고. 저렇게 해맑게 2등도 좋은 거라고 하는 아이 얼굴을 보니 너무 행복하고 감사했다.

"그래. 지금처럼만 커라. 엄마가 꼭 그 모습 지켜주고 싶다!"

누군가가 내게 사는 게 힘들어요, 하면 나는 그에게 글쓰기를 권한다.
내 친구들에게서도, 나 자신에게서도, 심지어 이미 돌아가신 사형수들에게서도 나는 글쓰기의 치유력과 통찰력을 누구보다 깊이 경험한 사람이기 때문이다. – 소설가, 공지영 –

나는 어릴 때 괴롭거나 슬픈 일이 있으면 꼭 일기를 썼다. 그렇게 나의 마음을 있는 그대로 써내려가다 보면 한결 마음이 좋아진다. 평소에는 입 밖에 내보지 못했던 욕도 일기에는 맘껏 쓰고 나면 좀 후련해졌다. 그렇게 어딘가에 쏟아내지 않으면 정말 미칠 것 같을 때면 일기를 썼던 것 같다.
그렇게 욕도 썼다가 '아니지! 그 상대방 입장에서는 아닐 수도 있지 않을까?' 하며 생각이 닿는 대로 써내려가다 보면 마음이 어느 정도

정돈이 되면서 누그러진다. 물론 그 일기를 훗날 다시 보면 정말 민망하고 부끄러워 죽겠지만 그 당시 나름의 효과는 참 좋았던 것 같다. 지금 생각해보면 누가 시켜서 한 것도 아닌데 그 치유력에 이끌려 일기를 썼던 것 같다.

지금도 블로그를 운영하면서 일상이야기도 쓰고 내 생각이나 교육관에 대해서도 글을 쓰곤 하는데 그렇게 글을 쓰면 복잡했던 머릿속도 정리가 된다. 불안한 마음도 안정이 된다. 단지 머릿속 생각들을 글로 옮겼을 뿐인데 그 효과는 참 대단한 것 같다. 우리 아이들도 지금처럼 글을 자유롭게 쓰면서 글쓰기로 인해 스스로 정리도 하고 위로도 받을 수 있었으면 참 좋겠다는 생각을 해본다.

03

열심히 하는 아이들!

주변에 가만히 살펴보면 학원을 많이 안 다니는 아이들은 이것저것 하고 싶은 게 많다. 다른 애들에 비해 보내면 또 어찌나 열심히 하는지. 아무래도 엄마가 억지로 시키는 것 없이 아이가 원하는 것 위주로 시키다 보니 아이들이 더 열심히 하는 것 같다.

우리 어른들도 누가 시켜서 억지로 하는 건 정말 하기 싫지 않은가? 나 역시 어릴 때 하고 싶어서 원해서 하는 것들은 어찌나 열심히 했던지. 누가 시켰다면 정말 그렇게 열심히 하지 못했을 것 같다. 하지만 정말 내가 하고 싶고 재미있어서 했던 일들이라 누구보다 열심히 할 수 있었다.

난 아이들을 육아하면서 내가 느꼈던 심리들을 정말 잘 이용하기로 했다. 내가 어릴 때 억지로 시키면 더 하기 싫어지고 하고 싶은 것을 못하게 하면 안달이 나서 더 하고 싶었던 기억을 더듬어 그걸 이용하기로 한거다. 인간은 누구나 무언가 하고 싶은 욕구를 가지고 태어난다. 아기들 어릴 때 보면 '이건 뭐야? 저건 뭐야?' 엄청난 질문을 쏟아낸다. 그리고 얼마나 열심히 탐험을 하는지. 아이들이 기어 다니기 시작하면 정말 엄마에게는 제일 힘든 시간이다. 아이들이 눈에 보이는 모든 것에 관심을 가지고 알고자 하기 때문이다. 아이에게 위험한 것이 아니라면 이때 열심히 탐험하게끔 해줘야 한다.

가만 생각해보면 우리 부모들은 거꾸로 행동을 하는 것 같다. 아이가 하나라도 더 알고 싶어 하고 보고 싶어 할 때는 귀찮고 힘들다는 이유로 또는 위험하다는 이유로 아이들의 행동을 막는다. 점점 아이들은 '하면 안되는 게 세상엔 참 많구나! 내가 할 수 있는 일이 별로 없구나!' 느끼며 의욕을 잃어가게 된다. 그렇게 의욕이 없어졌을 때는 오히려 부모님들은 '애가 왜 이렇게 매사에 의욕이 없냐!' 면서 한탄을 한다.

어린 시기에 맘껏 탐험하고, 보고 느끼게 해준 아이들은 알아가는 기쁨을 자연스레 배우게 되고 세상을 더 열심히 탐험하고자 하는 의욕

해수욕장에서 연날리기

어른들이 보기에는 참 쓸데없는 짓 같아 보이는 놀이들을 통해 아이들은 즐겁게 열심히 배워나간다. 그렇게 놀이를 통해서 자신감도 키우고, 인내심도 배우고, 생각하는 법도 배워나가는 것이다.

적인 아이들이 된다고 한다. 내가 원하는 것을 맘껏 탐험해 보았기에 더욱 의욕적이면서 호기심이 왕성한 아이들로 클 수밖에 없다. 다양한 활동을 해보았기에 두뇌발달은 물론 여러 방면으로 발달된 아이들로 크는 건 너무 당연한 일이다. 영재들의 특성을 보면 어린시기에 많은 것을 하도록 부모님들이 허용 해준다는 걸 보면 알 수 있다.

유아교육 전문가들은 아기들은 물건을 가지고 맘껏 어지르며 놀면서 사물에 대해 배워 생각하는 힘, 즉 사교력을 키운다고 한다. 아이가 아무것도 하지 못하게 다 치워놓는건 아이 사고력 발달에 도움이 되지 않는다. 아이가 다루기 위험한 칼, 뾰족한 물건만 치워두고 아이가 마음껏 가지고 놀 수 있게 해야한다. 어떤 분은 아이 발달에 가장 해가 되는 것이 바로 아이가 나가지 못하도록 막는 유아가드라고 말한다. 유아가드를 사용할 경우, 정말 필요 할 때만 잠깐 잠깐 사용하는 게 좋을 것 같다.

호기심이란 꼬리에 꼬리를 물어 확장되어 나가게 마련이다. 한 가지에 호기심을 가지고 열중하다 보면 그 안에서 또 다른 궁금증이 생긴다. 그럼 그걸 해결하기 위해 열심히 알아보고 또 궁금증이 생기거나 문제점이 생기면 해결하기 위해 또 열심히 알아보기도 한다. 그러면서 아이들은 많은 것을 알아가게 되고 두뇌발달도 하게 된다. 그런데 이런 활동들이 억지로 해야 하는 거라면 가능할까? 아마도 대충 하고 말거다.

그래서 나는 아이들에게 호기심을 자꾸 일으켜 줘야 한다고 생각한다. 그 호기심을 일으켜 주려면 자유롭게 뭔가를 할 시간이 많이 필요하다. 이것도 가지고 놀고, 저것도 해보고, 뭔가 만들어도 보고! 어느 누구의 강요없이 순수하게 본인들이 하고 싶은 활동들을 해봐야 한다. 어른들이 보기에는 참 쓸데없는 짓 같아 보이는 놀이들을 통해 아이들은 즐겁게 열심히 배워나간다. 그렇게 놀이를 통해서 자신감, 인내심도 키우고 생각하는 법도 배워나가는 것이다. 꼭 학원에서 배워야만 꼭 책상에 앉아서 학습적인 것을 해야만 발달하는 것이 아니다.

어느 전문가는 놀이를 통해서만 아이의 한계를 뛰어 넘을 수 있다고 말한다. 아이들은 친구들과 숨이 막힐 정도로 열심히 뛰고 논다. 더 이상 뛸 힘이 없어서 주저 앉았다가도 친구가 한번 더 하자고 하면 아이들은 일어나 또 죽을 힘을 다 해 뛴다. 그렇게 놀이를 통해 아이들은 본인의 한계를 뛰어 넘을 수 있다. 요즘 아이들은 그런 놀 기회가 너무 없어서 안타깝다. 과연 그 뛰는 게 숙제라면 일이라면 그렇게 죽어라 또 힘을 내서 뛸 수 있을까? 모든 놀이가 마찬가지이다. 아이가 친구와 함께 혹은 본인이 하고 싶어서 뭔가를 할 때는 즐겁게 본인의 한계를 넘어서 할 수 있다. 모든 즐겁게 본인의 한계를 이겨내던 아이들은 살면서 한계가 오더라도 잘 극복해 낼 수 있지 않을까?

이 학원 저 학원 많이 다니지 않는 아이들을 보면 부모가 먼저 '이 거해라, 저거해라' 하지 않아서인지 아이들이 항상 먼저 '이거 하고 싶어요. 저거 하고 싶어요!' 한다. 이 아이들 엄마 특성은 애가 해달라 고, 해달라고 조르고 졸라야 시켜준다. 그래서인지 아이들은 안달 나 서 시켜주면 정말 열심히 한다. 오히려 엄마가 그만두게 할까봐 애들 이 걱정하며 어찌나 열심히 하는지!

어느 날은 동네 엄마와 이야기를 나누게 되었다. 지인의 언니가 대 치동에 사는데 사교육을 많이 시키지 않아도 아이가 공부를 굉장히 잘 해서 비법을 물었더니 '안달나게 하는것' 이라고 했단다. 그 언니는 돈도 많아서 아이들 고액 과외니 비싼 학원 충분히 보낼 수 있었는데 학원을 잘 안 보냈다고 한다. 아이가 먼저 "엄마, 저 수학학원 보내주 세요"하면 엄청 뜸 들이면서 하나씩 보내줬다고 한다. 그랬더니 아이 가 정말 열심히 하더란다.

사람은 참 간사하다. 늘 풍족하면 소중함을 모른다. 내가 어릴 때에 는 제일 맛있는 과일하면? 바나나였다. 이유는 비싸서 자주 먹을 수 없었기 때문이다. 그런데 어느 날부터 바나나 값이 싸졌다. 너무 흔해진거다. 그 이후로 바나나는 가장 좋아하는 과일에서 멀어져 갔다. 귀할 때는 그렇게 맛있던 바나나 맛이 언제든 먹을 수 있는 과일이 되니 이젠 그 맛있었던 맛(?)을 느낄 수 없게 되었다.

이런 아이 심리를 잘 이용하면 어느 아이라도 의욕이 넘치는 아이로 키울 수 있을 것 같다. 아이는 풍족하게 키우기 보다는 조금 부족한 듯 키우는 게 현명하지 않을까? 라는 생각을 다시 한번 해본다.

04

엄마에게도 꿈이 생겼다

'요즘 아이들 보면 너무 불쌍해. 내 아이들은 그렇게 키우고 싶지 않은데 방법이 없을까?'

'아이들을 학원 돌리기로 힘든 학창 생활을 보내고 싶지는 않은데...'

'어떻게 하면 즐겁게 공부할 수 있는 아이들로 만들 수 있을까?'

'우리 아이들에게는 꿈을 찾아주고 싶다.'

'행복을 놓치지 않는 삶을 살게 해주고 싶어.'

'에듀 푸어가 되어 노후에 아이들에게 손 내밀고 싶지는 않은데 방법이 없을까?'

'아이들도 부모도 행복한 육아는 없을까?'

큰 아이가 6살을 앞두고 했던 고민들이다. 두 아이 육아하면서 정말 하루 하루 간신히 버텼던 나에게는 어찌 보면 획기적인 변화인 셈이다. 큰 아이가 6살이 되니 마음이 조급해지기 시작했다. '이대로는 안 되는데... 이제 교육이란 걸 시작해야 하는데 사교육 시장에 애들을 맡기고 싶지는 않아. 학원에 치여 자살하는 아이들이 생긴다잖아. 얼마나 힘들고 괴로웠으면 아이들이 자살을 할까? 너무 무섭고 끔찍하다. 물론 공부도 중요하지만, 뭔가 방법이 있지 않을까?' 고민을 하면서 책을 읽기 시작했다.

나처럼 고민하는 사람들도 있지 않을까? 이런 고민을 하고 사교육 시장에 애들을 맡기지 않고도 성공한 사람들이 분명 있지 않을까? 하는 생각에 육아서를 닥치는대로 읽기 시작했다. 책으로 아이를 키운 분들의 책은 검색해서 다 읽어보려고 했다. 사교육 없이도 명문대 보낸 분들의 책들도 찾아서 보았다. 그렇게 수많은 책을 읽으며 배우고 실천할 수 있는 것들은 실천하기로 했다. 육아서를 읽으면 읽을수록 정답은 '책! 독서'에 있음을 알았다. 모든 육아서에서 모든 자기계발서에서 정답은 '책'이라고 말하는데 더 이상 고민할 필요 없었다. 즉각 실행 뿐이었다!

나는 좋은 엄마는 아니다. 아이들 어렸을 때도 아이와 장시간 눈 맞추며 놀아주는 그런 싹싹한 엄마는 아이었다. 정말 아이의 기본 욕구만 채워주는 어쩌면 모성이 누구보다 부족한 엄마였을지도 모르겠다. 왜 그렇게 육아가 힘든지, 왜 그렇게 아이들이 버거운지... 그런데 육아서를 읽으면 읽을수록 아이들을 바라보게 되었다. 내 아이의 눈빛, 내 아이의 행동 하나 하나가 바로 보이기 시작했다. 참 신기한 일이었다. 내 말 한마디, 내 행동 하나가 아이에게 어떤 영향을 끼치는지 책을 보면서 알게 되니 정말 무섭도록 소름이 끼쳤다. '내가 그동안 애들한테 무슨 짓을 한거지!'

오래되어 기억이 나진 않지만 한 육아서에는 이런 말이 있었다. '엄마가 악다구니하며 아이를 내동댕이쳐도 아이는 엄마에게 다시 달려온다'고. 아... 그 문장을 읽는데 숨이 컥 막혔다. 소리치고 화냈을 때도 늘 변함없이 내 품에 왔던 아이들 생각이 나서 눈물이 났다. 남이었다면 그렇게 화내고 소리 지르면 미워할 텐데... 엄마라는 이유로 두 아이는 변함없이 엄마를 찾았다. 변함없이 엄마가 제일 예쁘고 좋다고 말해주었다. 변해야겠다고 다짐했다.

더 열심히 육아서를 읽었다. 잊어버리면 읽은 책들을 다시 읽고 또 읽었다. 여전히 부족한 엄마였지만 육아서를 읽으면서 조금씩 변하려고 노력했다. 아이들에게 어떻게 해야 하는지 배워나갔다. 지금도 열심히 배워나가고 있는 중이다. 그렇게 아이들 책 읽어주고 내 책 읽으며 나는 하루 하루 성장해 나갔다. 육아서에서 자기계발서로, 재테크 책으로 점차 책 읽기 영역을 넓혀갔다. 아이들을 행복하게 키우고 싶어 육아서를 읽었고, 보다 잘 살고 싶어 재테크책을 읽었고, 나의 발전을 위해 자기계발서를 읽었다.

육아서로 확고한 나만의 육아관을 가지게 되었다. 그 누구보다 두 아이들을 행복하게 키울 자신이 생겼다. 그리고 재테크 책으로 재테크도 열심히 배우고 있다. 마지막으로 자기계발서를 읽음으로써 나에게는 꿈이 생겼다. 막연하게 '죽기전에는 책을 한권 내고 싶다' 라고 생각했는데 이렇게 쓰고 있는 것이다. 불과 책을 읽기 시작한지 몇년 안되어 벌어진 일이다. 평범한 두 아이 엄마인 내가 이렇게 책을 쓰다니 '일상의 기적' 이 일어나고 있는 것이다.

어릴 때 누군가 "넌 꿈이 뭐니?"라고 물어보면 "선생님이요." 라고 대답하곤 했었다. 지금 생각해보면 선생님은 꿈이었다기 보다는 내가 커서 뭐가 될지, 뭐가 되는 게 좋을지, 직업에 대한 답이었던 것 같다. 정말 가슴 깊은 곳에서 가슴 떨리게 하고 싶은 것, 되고 싶은 것이 바로 꿈인데 말이다. 그런 꿈이 나에겐 없었다.

지금까지 세상의 잣대에 맞추어 내 인생을 살아왔다. 물론 그렇다고 여지껏 살아온 나의 인생이 실패인 것은 분명 아니다. 어느 누군가의 시선으로 보면 부러운 삶일 수도 있다. 하지만 아내, 며느리, 딸, 엄마가 아닌 내 삶은 어느 순간부터 없었다. 지금도 너무 행복하고 좋지만 항상 마음속 어딘가에서는 나를 위한 삶을 간절히 원했었나 보다. 꿈을 꾸고 꿈을 이루어가는 과정이 이렇게 가슴 벅찬걸 보면!

우리 아이들도 주변 잣대로 사는 삶이 아닌, 정말 본인이 원하는 행복한 삶을 꿈꾸며 살아갔으면 좋겠다. 나는 우리 아이들에게 "엄마처럼 살지마"가 아닌, "엄마처럼 꿈꾸고, 엄마처럼 꿈을 이루면서 행복하게 살아라."라고 말하고 싶다. 그러려면 엄마인 내가 먼저 꿈을 이루어가는 모습을 보여 주어야 한다. 내 자식들을 위해서라도 멋지게 사는 엄마가 되려고 노력하며 살아야겠다.

05

노후준비를 든든하게

　　노후에 대해 생각을 하게 만든 책은 《돈 걱정없는 노후 30 년》이라는 책이다.

　　김민석이라는 주인공은 30대 중반 대기업 과장이다. 남들보다 좋은 회사 다니니 남들 보기에 그럴싸한 넓은 전셋집, 고급 차를 구입하며 산다. 노후를 준비해야 할 40대에 저축은 하지 않고 아이들에게 학원과 과외교습을 시키며 아무 계획 없이 지낸다. 미래대비는 하지 못했다. '나는 직장에서 인정받고 있고 이 직장에서 55세까지는 충분히 일할 수 있어! 시간이 흐르면 어떻게 되겠지. 분명히 좋은 일들이 생길 거야.'라고만 생각했다.

반면 친구인 장은우씨는 30, 40대에 매달 예산을 짜고 그 예산 범위 내에서 지출을 통제한다. 꾸준한 투자와 저축으로 미래를 대비했다. 친구들 사이에서는 '바른생활 사나이'라며 놀림받곤 했다. 김민석씨는 늘 고급승용차에 원하는 소비재를 구입해 소비하는 삶을 살았다면, 장은우씨는 검소하게 아끼며 개미처럼 모으고 투자하며 젊은 시절을 보냈다. 결국, 김민석씨는 노후에 너무나 초라하게 살게 되었지만 장은우씨는 안정적이고 편안한 노후를 보내게 된다는 내용이다.

이 책을 읽고 노후대비가 정말 중요함을 깨닫게 되었다. 어제는 친정엄마가 집에 놀러오셨다. 결혼 후에 자신에게는 돈을 쓰지 않는 딸을 늘 안타까워하신다.

"마사지도 좀 받고, 예쁘게 하고 꾸미고 좀 다녀. 너한테도 돈 좀 쓰고 살아!"라면서 또 한 차례 잔소리를 늘어놓으셨다. 결혼 전에는 돈도 잘 쓰고 외모에도 신경 쓰며 살던 딸이 결혼하고는 늘 초라하게 애들만 보는 아줌마가 된 모습이 속상하신 모양이다. 하지만 나는 오히려 지금이 더 행복하다고 말씀드렸다. 결혼 전에 나는 버는 돈을 남들하는 것 다하며 소비하며 살았다. 그렇게 남들하는 것 다하면서 사는 것이 멋진 삶이라 생각했다. 그래서 난 괜찮은 사람이라고 착각하며 살았던 것 같다. 내실을 채우기보다 겉으로 보이는 것들에만 돈을 쓰고 살았다.

과거와는 다르게 현재의 나는 남들 보기에 그럴듯해 보이지 않을지도 모르겠다. 하지만 책을 읽으며 나날이 성장하고 있고 또 미래 대비를 열심히 하고 있기에 너무 든든하고 좋다. 소비하며 살던 때와는 차원이 다른 행복을 느끼며 살고 있다. 겉모습과는 상관없이 늘 변함없이 내 곁에 있어주는 남편이 있고 '엄마가 세상에서 최고 예쁘다!'고 말해주는 두 아이들이 있어 행복하다. 남들 다 들고 다니는 고가의 명품백을 가지고 있지 않아도, 외제차를 몰고 다니지 않아도 나는 괜찮다. 누구보다 멋진 미래를 준비하고 있기 때문이다.

요즘은 사람들이 만나면 너도 나도 할 것 없이 '먹고살기 힘들다'라는 이야기를 한다. 경기가 점점 더 어려워지는 것 같다. 3포 세대, 5포 세대라는 말이 나오더니 요즘은 7포 세대라는 말까지 등장했다.

3포세대 : 연애 결혼 출산 포기
5포세대 : 연애 결혼 출산 인간관계 내 집 마련 포기
7포세대 : 연애 결혼 출산 인간관계 내 집 마련 희망 꿈 포기

어찌 보면 인간답게 사는 기본적인 요건들인데 이 모든 걸 포기하고 살 정도로 경기가 많이 안 좋다는 이야기이다. 날이 갈수록 취업도 어렵고 경기가 어려워지는 것을 보면서 나중에 내가 나이를 먹어 경제

적 능력이 없어졌을 때 내 자식들에게 도움이 되지는 못할망정 절대 짐이 되지는 말아야겠다고 결심했다. 가뜩이나 먹고 살기 힘든데 부모 봉양하느라 아이들이 더 힘들어 지는 건 절대 안 될 일이라 생각했다. 그래서 더욱 노후 준비를 독하게 하기로 결심했다.

어딘가에서 '내 아이에게 줄 수 있는 최고의 선물은 바로 내 노후를 책임지지 않게 하는 것'이라고 하는 말을 들었다. 노후 준비를 철저히 해 놓는 것이 우리 부부를 위한 그리고 내 사랑하는 아이들을 위한 길이라고 생각한다. 그런데 주변 사람들을 보면 자식 사교육으로 들어가는 돈이 너무 많은 것 같았다. 많이 버는 집이든, 적게 버는 집이든 다들 사교육비로 허덕이며 살고 있다. 교육열이 유난히도 강한 우리 나라에서 너무 당연한 일인지도 모르겠다. 가난한 집에서는 물려줄 재산이 없으니 교육이라도 잘 시켜서 자식이 잘 살기를 바라는 마음일거고 잘 사는 집에서는 고액 과외로 아이들이 더 잘되기를 바라는 마음일거다. 돈이 많든, 적든 모든 부모의 마음은 하나이다. '내 자식이 잘 살기를 바라는 것' 나도 부모가 되어 보니 그 마음을 충분히 이해할 수 있다. 하지만 그 과도한 사교육비 때문에 에듀 푸어가 되고 결국 노후 준비를 못한다는 이야기들을 들으며 뭔가 방법을 달리해야겠다는 생각을 했다.

타고난 금수저가 아닌 이상 노후준비를 위해서는 아끼고 저축해야 한다. 종잣돈이 모이면 열심히 굴려서 돈을 불려야 한다. 남편이 정말 운 좋아서 회사에 정년까지 다닌다고 해도 우리가 60세가 되었을 때는 평균수명이 100살이 될 수도 있다. 그럼 40년 동안 2명이 먹고 사는데 최소의 비용으로 150만원만 잡는다 해도 1년이면 1800만원, 40년이면 7억 2000만원이란 돈이 필요하다. 150만원으로는 손주 용돈도 주기 힘들다. 손주 용돈은 커녕 내입에 풀칠하기 조차 빠듯한 돈이다. 200만원으로 한 달 생활비를 잡는다면, 1년 240만원 40년이면 9억6000만원이라는 돈이 있어야 한다. 여유롭게 월 300이상을 써야 한다면... 그 금액은 엄청나게 늘어난다. 나이가 들수록 의료비도 증가할텐데... 화폐가치는 미래엔 떨어진다. 휴~ 생각만 해도 답답하다. 60이 되기 전에 노후대비를 해 놓지 못하면 고스란히 자식들에게 부담으로 돌아간다.

경제관념 없이 버는 대로 쓰고 살던 나는 이 계산을 남편과 해보고는 정말 너무 놀라서 입을 다물지도 못했다. 연금을 받는다고 해도 결국 차액은 모아야 한다는 이야기다. 남편이 오랫동안 일을 해서 국민연금을 조금 더 받는다고 하더라도 나머지 금액은 모아 놓아야한다. 결코 내 나이가, 남편의 나이가 노후대비를 하기에 이른 나이가 아니란 것을 깨달았다. 우선 무조건 아끼고 모으기로 했다. 열심히 공부해서 재테크로 재산을 불리기로 하였다. 시중에 나와 있는 많은 재테크 책을 사서 둘이 함께 공부하였다.

노후준비도 하면서 아이 교육도 잘 시킬 수 있는 두 마리 토끼를 모두 잡을 수 있는 방법이 무엇일까 고민하다가 찾게 된 것이 바로 '독서와 체험을 겸한 육아'이다. 어려서부터 학원으로 학습지로 공부에 스트레스를 받지 않고, 많은 책을 엄마 품에서 읽으며, 세상을 알아가고 주말이면 엄마, 아빠 손잡고 나들이처럼 다니는 체험을 한다면 돈을 크게 들이지 않더라도 '교육도 잘 시키고 내 노후도 대비할 수 있겠구나!' 생각했다. 일석이조인 셈이다. 이렇게 완벽한 육아가 또 있을까!

만약 아이들 독서 육아를 하지 않았다면 나 역시 에듀 푸어가 되어 매달 매달 버는 돈을 사교육에 쏟아 부으면서 노후를 걱정하는 사람이 되었을 거다. 하지만 나는 아이들 사교육비는 최소한으로 하고, 열심히 모으고 굴리면서 노후대비를 튼튼하게 하고 있다. 앞으로도 꼭 필요한 학원이 아니라면 최소한으로 할 생각이다. 그 사교육비를 모아서 내 아이가 나중에 뭔가 정말 하고 싶은 일이 생겼을 때 멋지게 지원해 주고 싶다. 내 아이가 꿈을 향해 나아가려고 할 때 돈이 없어 주저앉게 하고 싶지는 않다. 그러려면 이 악물고 더 열심히 모아 놓아야한다.

오늘 아침에는 도서관에 들렀더니 관장님께서 나를 보고 "매일 이렇게 출근하시니 아이들은 나중에 얼마나 훌륭한 사람이 될까요!" 라고 말씀하셨다. "훌륭하게 될까요?"라며 웃으며 대답하니 "물론이지요!" 라고 답해 주셨다. 책을 가까이 하는 사람은 훌륭하게 될 확률이 크다. 꼭 사회적으로 성공한 사람이 아닐지라도 지혜롭게 삶을 살아갈 수 있는 아이들이 되리라 믿는다.

책은 가장 저렴하지만 가장 큰 효과를 낼 수 있는 제일 가성비 좋은 교육이다. 아이들을 똑똑하게도 해주면서 엄마와 관계도 좋게 하고 돈도 적게 들어 내 노후까지 준비할 수 있게 해주니 얼마나 다행이고 고마운지! 독서 육아는 아이도 행복하지만 부모도 함께 행복한 최고의 육아라고 감히 생각해 본다.

'기러기 아빠가 자살했다는 뉴스, 초등학생이 공부 때문에 자살했다는 뉴스' 들은 사교육으로 인해 우리 나라 아이들과 부모들이 얼마나 고통 받고 있는지 말해준다. 아이의 행복을 위하는 길인데 우리 모두 왜 이렇게 고통 받아야 하는 건지 너무 안타깝다. 근본적인 공교육이 바로서길 진심으로 바란다. 부모들의 교육에 대한 인식 전환이 꼭 필요하다.

이 좋은걸 많은 분들과 함께 하고 싶은 마음으로 책을 열심히 쓰고 있다. 많은 아이들이 독서 육아로 맘껏 놀고 맘껏 책을 읽으며 사교육으로 고통 받지 않았으면 좋겠다. 우리 부모들 역시, 아이들 교육 때문에, 에듀 푸어가 되어 노후에 불행해지지 않았으면 좋겠다.

Chapter **05**

〈제 5 장〉

육아의 본질은 행복에 있다

누구나 '행복'한 삶을 살기 위해 돈을 벌고, 공부도 열심히 한다. 우리 나라에 에듀 푸어가 많은 이유도 바로, 내 분신 같은 자식이 누구보다 행복하게 잘 살기를 바라는 마음이기에 모든 걸 투자하는 것이다. 분명, 내 자식의 행복을 만들어주기 위해 노후마저 포기한 채 아이에게 쏟아 붓는데, 아이도 불행하고, 내 노후도 보이지 않는 현실...

과연 이게 옳은 것일까? 아이도 행복하고 나도 행복한 방법은 과연 없는 것일까? 학원 많이 보내고 명문대를 보내는 길만이 아이를 행복하게 하는 길일까?

이 미소를 지켜주고 싶다.

아이들이 행복한 교육을 받을 수 있도록
만들어 주었으면 좋겠다.
학원이 다가 아닌, 학교 밖에서만이라도 아이중심의
행복한 육아를 해야 하지 않을까?

01

아이의 행복을 위한 진짜 육아

부모들은 모두 아이들을 너무 사랑한다. 너무 사랑하기에 아이가 성인이 되어 멋진 삶을 살게 해주고 싶어 열심히 가르친다. 나도 우리 두 아이가 누구보다 멋진 삶을 살았으면 좋겠다. 누구보다 공부를 잘하고 누구보다 똑똑했으면 한다. 그러기에 우리 부모들은 엄청난 희생을 감수하며 열심히 일하고 돈을 번다.

나는 참 끈기도 없고 포기도 잘하는 사람이었다. 그런 내가 단 하나 포기할 수 없는 것이 생겼다. 죽는 한이 있어도 절대 포기할 수 없는 건 바로 '내 자식'이다. 내 자식을 위해서라면 뭐든지 할 수 있는 엄마가 되었다. 내 자신을 보면서 '모성이 이렇게 대단한 거구나!' 스스로 감탄한다. 나란 사람에게 이런 큰 힘이 생긴다는 것이 참으로 신기하고 또 신기하다. 아마도 많은 분들이 나와 똑같은 생각을 할거라 생각한다.

아이들 육아를 고민하기 시작하면서 나는 많은 생각과 고민을 했다. 무너지고 있는 공교육에 아이를 남들 보내는 대로 보낼 것인가? 나처럼 사교육에 크게 의지하지 않고 학교에 애들을 전적으로 맡기고 싶어도, 힘들다는 이야기를 많이들 한다. 학원에서 아이들이 대부분 다 수업을 배워오기 때문에 수업진도를 대충 나가기도 하고 모르는 아이들에게는 학원에서 배워오라고 하기도 한단다. 너무 기가 막힌 공교육의 실태들을 보고, 들으며 '그럼, 도대체 학교에는 왜 가는 거지?' 라는 생각이 들었다. '학원에서 배우니까 학교는 대충 시간 때우다 오는 곳이라면 갈 필요가 없지 않을까? 그럼, 학교는 왜 존재하는 거야?' 라는 생각들로 머리가 너무 아팠다.

그래서 처음부터 홈스쿨링을 할까, 대안학교에 보낼까 하는 생각도 했었다. 홈스쿨링을 한 많은 분들의 사례도 찾아보고 알아보았지만 깔끔하게 해답을 얻지는 못했다. 아이들 홈스쿨링을 위해 강원도나 제주도로 이사까지 하며 감행하시는 분들도 있던데 현실 여건상 쉽지만은 않았다. 여건도 되지 않고 내가 직접 아이들 공교육을 경험해 보지도 않았는데 먼저 '~ 카더라!' 정보로 물러날 이유도 없었다. 일단 부딪혀 보기로 했다.

우리 아이들은 아직 저학년이라 그럴지도 모르지만, 학교 선생님도 좋은 분을 만나 학교 수업만으로도 뒤처지지 않고 잘 다니고 있다. 하지만 나는 언제라도 아이들이 홈스쿨링을 원하고 탈학교를 원한다면? 만약 더 좋은 대안이 있다면 언제든지 오픈 마인드로 아이들 교육을 시킬 생각이다. 아이들을 위해서라면 남들과 다른 길도 기꺼이 갈 용의가 있다.

필자는 초등학교 때부터 고등학교 졸업할 때까지 단 한 번도 결석을 해본 적이 없다. 학교는 안 가면 큰일 나는 줄 알면서 학교를 다니던 세대였다. 남들이 모두 "예"하면 생각이 달라도 대세에 따르곤 했던 나였지만 모두가 "예"라고 외친다 해도 내 자식의 행복을 위한다면 "아니요!"를 외칠 수 있는 용기가 생겼다. 그렇다고 '학교 밖으로 무조건 나갈 거야! 홈스쿨링을 꼭 할 거야!' 이것도 아니다. 다만 아이에게 학교라는 곳이 너무 버겁고 고통스러운 곳이 된다면, 또 반대로 학교라는 울타리를 나와서 좀 더 잘 살 수 있는 방법, 길이 있다면 나는 그 길을 선택한 것이다.

아이들이 학교를 다니기 위해 이 학원, 저 학원을 다녀야 하고 행복을 놓쳐야 한다면 과감히 놓을 생각이다. 물론 이것은 전적으로 아이들의 의견에 따를 생각이다. 아이들이 학교생활에 만족하고 즐겁게 다닌다면 굳이 탈학교를 할 필요도 없으니까... 나는 다만 아이들을 키우는데 있어 아이들의 행복만은 절대 놓치지 말아야한다고 생각한다.

'그럼 학교 보내고 학원 보내는 우리는 아이들 행복을 바라지 않느냐?'고 반문하는 분들이 있을 거다. 자식들의 행복을 위해 고생도 마다하지 않는 존재가 바로 우리 부모들이니까 충분히 반문할 수 있다. 그런데 주변 아이들을 보면 전혀 행복해 보이지 않는다. 항상 즐겁고 까불까불 신나있어야 할 나이인 아이들이 어깨가 축 처진 채 학교에서 이 학원, 저 학원으로 그리고 학교 숙제, 학원 숙제에 치여 하루 종일 몇 번이나 웃을 일이 있을까 싶다.

항상 까르르 까르르 웃으며 신나게 지내야 할 나이에 너무 가혹한 학습으로 아이들을 너무 힘들게 하는 건 아닌지 잘 생각해 보아야 할 문제이다. 좋은 대학, 좋은 직장 너무 좋다. 좋은 대학을 나와 좋은 직장을 갖게 되면 남들보다 경제적으로 잘 살 확률이 높으니 목맬 수밖에 없다. 하지만 그렇게 어린 시절부터 가혹하게 공부만을 시키기엔 아이들이 너무 힘들지 않을까.

작년에는 아들 학교에서 예술제를 했다. 전교생이 모두 무대에서 공연을 하는 자리이다. 학부모들도 모두 모인 자리였다. 우리 반 아이들이 대기하고 줄을 서 있는데 아이들이 엄마들을 보고는 신나서 모두 소리쳤다. "엄마, 오늘은 선생님이 숙제 안 내주셨어!" 하면서 다들 어찌나 신나하던지... 숙제 하루 안 내줬다고 신난 아이들 얼굴이 어찌나 반짝 반짝 하던지... ! 평소에 학원에, 숙제에 고작 1학년인 아이들이 얼마나 치이고 힘들었으면 저렇게 좋아할까 하는 생각에 마음이 참 짠해왔다. 학교 끝나고 운동 외에는 다니는 학원이 없는 우리아이들도 숙제 없다고 저렇게 좋아하는데 영어학원에, 수학, 사고력, 한자 등 학원 순회를 하는 아이들은 얼마나 숨이 막힐까 생각하니 마음이 너무 아팠다. 우리 반 아이 중에 학원 많이 다니는 아이 하나는 평소에는 별로 밝은 얼굴을 본적이 없었는데, 그 날 처음으로 신난 모습을 보았다. 예술제에서의 아이들 모습을 보고 기특하고 대견하기도 하면서 한편으로는 쓸쓸한 기분이 든 하루였다.

예전에는 오래 앉아 공부하는 사람이 공부 잘한다고 믿었다. 4당 5락이란 말이 당연시 되었던 시절이 있었다. 지금은 부모의 경제력(사교육)이 뒷받침되어야 공부를 잘하는 아이로 키울 수 있다고 한다. '부모의 경제력이 자식 교육을 좌우한다' 라고 대부분 생각한다. 그래서 가난한 부모는 비싼 학원 못 보내면 죄책감을 느끼고 돈 있는 부모들은 좋다는 학원, 과외는 다 시킨다. 하지만 비싼 학원, 과외 시킨다고 다 공부를 잘 하게 될까? 물론 그런 사교육을 잘 이용해 성공한 일부 아이들은 있을 수 있다. 하지만 주변을 살펴보면 학원 안 다니는 아이들을 찾아보기 힘들 정도인데 왜 그 아이들이 다 성적이 좋지 않을까? 근본적인 원인을 찾아보아야 한다.

'자녀 교육에 성공한 부모들의 공통점 중 하나는 바로 사교육을 남용하지 않는다는 점이다. 공교육을 최대한 활용해서 얻을 수 있는 건 얻어내고 나서 모자란 부분들에 대해 자녀가 방법을 찾도록 격려한다. 공교육을 활용해 최선의 노력을 다하고 난 후 사교육은 스스로 부족한 점을 보완하는 용도가 되어야 자녀가 의욕을 보일 수 있기 때문이다'

'두뇌 잠재력을 제대로 발휘하기 위해서는 정서적인 안정이 매우 중요하다. 그런데 만약 스트레스가 심해 정서적으로 위축된다면 그 순간 잠재력은 물론이고 이미 계발된 능력도 제대로 발휘하지 못하는 지경에 빠진다. 스트레스 지수가 높고 정서적으로 불안정하면 두뇌는 공부한 내용을 기억하려고 하지 않는다. 정서적으로 괴로움을 동반한 기억이기 때문에 오히려 털어버리고 싶어 하는 것이다. 우리의 두뇌가 진정으로 원하는 것은 바로 즐거운 공부이기 때문이다.'

《대한민국은 사교육에 속고있다》 중에서

《대한민국은 사교육에 속고있다》의 저자는 대치동 입시전문가이다. 대치동 학습주치의인 노규식 박사도, 대치동 입시전문가인 위 책의 저자도 과도한 학원이 아이들을 망친다고 말한다. 내아이가 공부 잘하게 만드는 열쇠는 잘 가르친다는 학원을 보내는 것이 아니라 아이들 스스로 공부하고 싶은 의욕을 가지게 만들어주고, 스스로 공부하는 방법을 터득하게 만들어 주는 것이다. 스스로 공부하는 방법을 터득하기도 전에 이 학원 저 학원 가서 선생님이 떠먹여주는 공부만 하는 아이들은 언제까지나 스스로 공부를 하지 못하게 된다. 억지로 하는 공부에 내가 소화할 수 있는 이상의 공부 양으로 스트레스 받으면 더욱 공부는 힘들어진다. 스트레스를 받으면 두뇌는 활성화되지 않는다고 한다. '즐겁게 하는 공부여야 더 효과가 높다' 는 과학적 결과가 이를 말해준다.

학원을 더 보내면 보낼수록, 아이들은 공부에 대한 압박을 받게 되고, 스트레스를 받으면서, 학습효과는 떨어진다고 하니, 얼마나 억울한 일인가!

요즘은 핀란드 교육법에 관심이 많다. 교육 강국으로 이름난 핀란드와 우리나라 아이들의 성적은 비슷하지만 그 공부양은 3배 이상 차이가 난다. 아이들의 행복도를 봐도 천지차이이다. 핀란드 교육은 학생중심의 교육을 지향하고 놀이를 중요하게 생각한다. 학교에 있는 시간도 하루 5시간에 머물고 과제도 30분을 넘지 않는다. 표준화된 등급 시험도 없다고 한다. 아이들은 충분히 놀 수 있고, 운동하고 탐구하는 확실한 시간이 주어진다. 교장선생님이 나서서 아이들은 충분히 놀아야 한다고 말한다.

우리나라 아이들은 공부하느라 너무나 힘들게 하루 하루를 보내는데 반해 핀란드 아이들은 너무 다른 행복한 생활을 하고 있다. 우리나라도 이제는 바뀌어야 한다. 놀지 못해 마음이 병드는 아이들을 더 이상 방치해서는 안 된다고 생각한다. 제발 정치하는 분들, 교육하는 분들이 핀란드처럼 아이들이 행복한 교육을 받을 수 있도록 만들어 주었으면 좋겠다. 나라 차원에서 핀란드처럼 하지 못한다면 학교 밖에서만이라도 학원이 다가 아닌 아이중심의 행복한 육아를 해야 하지 않을까? 우리 부모들이 아이들 교육에 대한 인식이 변해야 한다. 내 아이를 행복하게 키우는 것이 우리 모두의 바람이기 때문이다.

02

아이가 느끼지 못하는 사랑은
사랑이 아니다

사자하고 소가 있었다. 소가 사자에게 음식 대접을 하려고
했다. '제일 좋은 음식이 뭘까? 그래 건초야! 건초 중에 가장 좋은 건
유기농, 무농약 국산을 써야지!' 하고 건초를 준비했다. 사자가 와서
건초를 보고는 허걱! 한다. '나 보고 이것을 먹으라고?' 먹어보려고 애
를 썼지만 이 사이에 끼고 소화도 안돼 힘들었다. 그래서 "마음만 받을
게" 하고는 집으로 돌아갔다.

사자도 소를 초대했다. 최고 좋은 음식을 주기로 했다. '바로 국내
산을 써야지! 신선도 중요하니까 바로 잡아야지!' 하고는 들판에 나가
바로 얼룩소 한 마리를 잡았다. 소가 집에 와서 보니까 팔촌 당숙(얼룩
소)이 쓰러져 있는걸 보고 기겁을 하고는 기절했다. 사자는 소가 기절

하는걸 보고는 '저거 빈혈이다! 빈혈엔 소피가 최고야!' 생각하고는 바로 얼룩소의 피를 받아서 소에게 먹였다. 소가 깨어나 보니 몸에 피가 묻어있는걸 보고는 또 기절을 했다. 그 모습을 본 사자는 '소가 몸이 허약하구나' 생각했다. 그래서 고기를 뜯어서 먹이려고 보니 이빨이 쓸만 한 게 없었다. 고기를 먹으려면 뾰족해야 하는데, 소 이빨이 다 반으로 잘라진 형태로 되어 있는걸 보고는 '얘가 이런 이빨로 어떻게 삶을 살아왔을까?' 생각해서, 소가 깨어났을 때 치과에 데리고 갔다. "내가 임플란트 해줄게! 내가 돈 다 댄다." 라고 말했다. 소는 질질 끌려가서 이빨을 싹 갈았다. 뾰족한 이빨로 싹 갈고 온 소에게 사자가 고기를 먹으라고 했다. 소는 '안 되는데...' 하면서 고기를 억지로 먹었다. 그런 소는 광우병에 걸려서 죽었다.

죽고 난 소가 생각을 했다. '내가 왜 죽어야하지? 억울해!' 하며 귀신이 되어 사자 앞에 나타났다. "나 왜 이렇게 된 거야? 난 억울해!" 라고 말했다. 사자도 말했다. "억울하긴 나도 마찬가지야! 들판에 나가 사냥하면 나는 다 성공하는 줄 알아? 10번이면 2~3번 성공이야. 정말 땀 흘리며 잡은 거야! 그리고 그 임플란트비 한 두푼인 줄 알아? 그 돈 내가 다 대고, 그렇게 했는데 네가 죽어버리니까 내가 얼마나 허망한지! 내가 노력한 것이 하늘로 날아가 버렸어! 나도 힘들어!"라고 말했다.

소와 사자는 서로 사랑했을까요? 그 둘의 사랑을 부정할 수는 없습니다. 서로 사랑한건 맞아요. 그러나 그들은 자기 감정에 빠져서 상대방의 마음을 읽지 않고 자신의 감정에만 빠져 있었습니다. 소가 이빨이 나와 다르고 그때 건초를 먹었다는 것을 알면서도 사자는 자기가 소를 위한다는 생각에 빠져 있기 때문에 보아도 보지 못하고 들어도 듣지를 못하는 겁니다. 엄마는 아이를 사랑하는데 아이는 그런 엄마의 사랑을 느끼지 못한다면 어떨까요?

《이동순의 엄마학교, '엄마가 주는 사랑, 그 엄청난 동상이몽' 중에서》

위 이야기는 한국부모교육센터 이동순 소장의 엄마학교 강의에 나오는 이야기이다. 나는 이 이야기를 듣고 정말 적절한 예시라고 생각했다. 내가 평소 생각했던 이야기를 너무나 알기 쉽게 풀이하였기 때문이다.

부모들은 '내가 너를 너무 사랑하니까 이 고생을 감수하면서 학원비를 댄다'고 생각한다. 너무 사랑하는 것 맞다. 사랑하지 않으면 그렇게 고생하면서 아이의 미래를 위해서 돈을 벌어 아이들에게 투자하지 않을테니 말이다. 내 자식이 아니라면 정말 상상하기도 힘든 일이다. 내 자식이기에, 내가 너무 사랑하는 존재이기에 가능한 일이다. 하지만 그토록 사랑하는 너를 위해서 내가 이 고생을 감수하며 사는데 아이는 그 사랑을 조금도 느끼지 못한다면... 정말 너무 억울하고 속상한 일이다.

학원 많이 다니는 아이들일수록 부모의 사랑을 못 느끼며 사는 경우가 많다. 다니는 학원이 많을수록 아이는 불행하다. 왜 일까? 부모님들이 나를 위해서 고생하며 버는 돈으로 보내주는 학원인데 왜 그 학원이 그렇게 힘들고 싫을까? '공부해라! 학원가라! 숙제해라!' 이런 이야기에 왜 아이들은 이토록 스트레스를 받으며 사는 걸까? 자식을 그토록 사랑하기에 자식 잘 되기를 바라는 마음이 커 교육열이 세계최고인 우리나라에서 아이들의 행복도는 왜 하위권일까? 공부 때문에 자살하는 아이들은 왜 점점 많아지는 것일까? 많은 의문들을 하나씩 풀어볼 필요가 있을 것 같다.

이동순 소장의 사자와 소 이야기에서처럼 아이의 마음은 알려하지 않은 채 아이가 감당하기 힘든 사랑을 주고 있는 건 아닌지 고민해보아야 한다. 나도 한때는 학교 다니고, 학원 다니는 게 너무 당연하다고 생각했던 적이 있었다. 모든 아이들이 학교 수업이 끝나면 영어학원이니, 보습학원이니 여러 학원 다니는 모습을 너무 자연스럽게만 여겼다. 다들 그렇게 하니까 당연한 듯 다니는 아이들도 있다. 물론 그 안에서 누구보다 열심히 즐겁게 생활하는 아이들도 존재한다. 내 아이들이 그 아이들과 같다면 참 좋겠지만 아닌 경우는 정말 부모도 아이도 불행한 일이다.

부모가 가라니까 학원에 가고, 다 가니까 가야하는가보다 생각하고 학원에 앉아있지만 그 아이들은 도통 공부가 즐겁지도 행복하지도 않다. 공부가, 학원이 나를 힘들게 한다고만 생각하고 공부에 대한 부정적인 생각이 들게 된다. 놀고 싶고 쉬고 싶은데, 학원 가라 부모가 강요하고 숙제하라 잔소리를 한다. 아이들은 그런 부모가 또 원망스럽고 미워지기까지 한다. 몸은 학원에 매여 있지만 정신은 온통 딴 생각 뿐이다.

'나는 정말 등골 빠지게 열심히 뒷바라지 하는데 왜 하라는 공부는 안하고 딴 짓일까?' 부모들 또한 속상하다. 부모와 아이의 관계는 더욱 멀어지게 된다.

한국교육과정평가원의 이인호 박사가 전국 중학생 57만 3천여명의 2014년도 국가수준 학업성취도 점수와 가정환경 및 일상생활의 상관관계를 분석했다. 부모와 대화가 부족한 중학생의 국어·영어·수학 과목 학업성취도가 대화가 많은 학생에 비해 최고 30점 이상 떨어진다는 조사 결과가 나왔다. 부모와 많은 대화를 나눌수록 점수가 좋은 이유에 대해 이 박사는 "부모로부터 받는 많은 관심과 사랑이 공부에 자극제 역할을 하고 학생의 자존감도 키워주기 때문으로 보인다"고 해석했으며 "성적을 높이려면 가정에서 세심한 관심과 지도가 필요하다"고 말했다.

지난 1966년의 콜먼 보고서에 따르면 학교 시설, 교육과정의 질, 교사의 유능성 등의 특성이 학생의 학업 성취에 끼치는 영향은 매우 미약하고 오히려 학생의 가정환경이 가장 큰 영향을 미치는 요인이라고 지적했다. 즉 부모의 교육방법, 태도 및 포부 수준, 양육에 대한 열의 등이 자녀의 성적에 영향을 끼치는 가장 큰 요인이라는 것이다. 이 보고서에서 또한 자녀와 부모 사이의 평소 대화 정도와 그 자녀의 학습 능력이 밀접한 비례관계에 있다고 한다.

부모는 아이들 학원비 버느라 아이들과 질적인 대화를 나눌 수 없고 또 아이들은 학원 다니랴, 숙제하랴 바빠 부모와 대화할 시간이 없다. 악순환인 셈이다. 아이들과 함께 하루 30분도 진지한 대화를 나눌 수 없는 상황이라면 과감하게 학원 한 두개 정도는 빼는 것이 옳은 것 같다. 학원 한 두 개 보다 부모와의 대화가 더 중요하기 때문이다. 또 학원보다는 스스로 공부할 수 있는 자기주도적인 힘을 길러주어야 한다. 그러면 부모도 아이도 모두 행복해 질수 있지 않을까?

03

아이들은 놀면서 배운다

요즘 아이들은 정말 놀 시간이 많이 없다. 친구들과 놀고 싶어도 다 학원 가느라 시간 맞춰 놀 수 있는 친구들이 많지 않다. 아파트 단지 안에 놀이터가 있어도 평일 낮에는 아이들을 보기 힘들다. 이게 대부분 도시 아이들의 삶이다. 아이들이 많은 놀이터에 가면 그렇게 신나하던 우리 아이들도 우리 집 앞 놀이터에서는 잘 안 논다. 왜냐하면 놀 친구들이 별로 없기 때문이다. 참 슬픈 현실이다.

나는 공부보다도 잘 놀아야 한다고 생각한다. 핀란드의 선생님들처럼 아이들은 더 많이 더 충분히 놀아야 한다고 생각한다. 신나게 노는 과정에서 아이들은 많은 것을 배운다.

놀이에는 치료의 효과가 있다. 놀이는 치료의 수단이라기보다 놀이 그 자체가 치료이다. 어른들도 힘들게 일하다가도 신나게 놀면 스트레스도 풀리고 기분도 좋아지게 마련이다. 어른도 일만하고, 쉬지 못하고 놀지 못하면 우울해지는 건 너무 당연하다. 그런데 우리는 아이들에게 너무 놀 시간을 안 주는 건 아닌지 심각하게 반성해야 한다.

요즘 힐링이 참 대세이다. 힐링(healing)은 치유를 뜻하는 영어이다. 몸과 마음(영혼)의 치유와 회복을 의미한다. 왜 우리는 그토록 힐링 힐링 할까? 너무 숨 가쁘게 돌아가는 세상 속에서 힘들게 살고 있기 때문인 것 같다. 힘들게 사는 중간 중간에 그 힘듦을 조금이라도 치유하자는 의미가 아닐까? 어른들도 힐링 힐링 외치는 이 순간에 아이들에게도 힐링의 시간, 놀이시간은 반드시 주어야 한다. 충분히 놀아야 정신도, 육체도 건강한 아이들로 클 수 있다.

핀란드에서는 새로운 학년이 시작되기 직전에는 실컷 즐기며 놀고, 본인이 배우고 싶은걸 배우게 한다고 한다. 방학이면 선행이며, 특강 배우느라 학기보다 더 바쁜 우리나라 아이들과는 다른 모습이다. 이렇게 실컷 배우고 싶은걸 배우고 나면 오히려 다음 학기의 학업 성적은 더 올라간다고 한다. 아일랜드의 고 1때 하는 전환학년제 역시 그렇다. 이 시기의 아이들은 시험,테스트에서 자유롭다. 이 기간동안 아이들은 다양한 프로그램에 참여하며 다양한 진로를 탐색할 수 있다. 공부에서 해방되어 자유롭게 시간을 보낸 후 새학년이 되지만, 오히려 성적이 향상되었다고 한다.

　　대학 때 방학기간에 정말 폐인처럼 3개월 가량을 빈둥 빈둥했던 적이 있다. 밤, 낮이 바뀌어 영화와 TV 방송만 보면서 먹고 뒹굴며 시간을 보냈다. 그렇게 충분히 빈둥대며 쉬다보니 뭔가 하고 싶은 맘이 간절하게 들었다. 그때 나는 조정래 작가의 태백산맥 10권을 손에 들었다. 대학교 다닐 때 수업도 매일 지각하고, 결석하고, 학점은 말이 아니었다. 정말 간신히 수업일수만 채울 정도로 나태한 생활을 했다. 지각에 결석이 많아지니 학과 공부도 따라가기 힘들고 그렇게 지루하고 힘들 수가 없었다. 그렇게 한참을 놀다가 '나 왜 이러고 있지? 나 본분이 학생인데 학교도 재미도 없고, 이대로는 안 되겠어. 새 학기에는 달라져야겠다!' 라는 생각이 저절로 들었다. 그 이후 나는 도서관에서 살다시피 했다. 단 한 번 지각도 결석도 하지 않았다. 그 해 나는 당당하게 과톱의 자리에 올랐다. 2번이나 전액 장학금을 받아 부모님이 너무 좋아하셨고, 나 역시 그 성취감은 이루 말할 수 없었다. 원 없이 놀다가 즐겁게 최선을 다하며 스스로 공부했기에 가능 했던 일이었다.

　　충분히 놀면 공부도 더 하고 싶어지고 열심히 일도 하고 싶어지는 마음이 드는 신기한 일들 다들 겪어보았으리라 생각한다. 핀란드의

'놀아보는 학습' 역시 그런 류의 현상 아닐까?

아이들은 오직 놀이에서만 창조적일 수 있다고 한다. 아이들이 노는 모습을 가만히 지켜보면 같은 장난감이라 하더라도 정해진 대로 놀지 않는다. 자기들만의 룰을 만들기도 하고 자기들끼리 다양한 방법으로 논다. 종이와 연필, 가위만 있어도 아이들은 그림도 그리고, 원하는 것을 뚝딱 만들고 오려내며 논다. 모든 것이 창조적인 활동이다. 굳이 창의력 학원 보내지 않아도 아이들을 충분히 놀리면 저절로 창조적인 아이들이 되어가는 것이다. 모든걸 학원에서 배워야 하는 건 아니다. 오히려 나는 정해진 틀 안에서 가르치는 학원교육이 아이들의 창의력을 더 제한할까봐 걱정이다.

나는 아직 두 아이를 미술학원에 보내지 않는다. 이유는 정해진 틀대로 그림을 그리게 하고 싶지는 않아서이다. 그냥 아이들이 표현하고 싶은 대로 정해진 형식 없이 맘껏 상상의 나래를 펼치길 바라는 마음이다. 교육이란 어느 정도 틀 안에서 대부분 이루어지기 때문에 아이를 그 안에 가두고 싶지 않다. 그런데 나와 같은 생각으로 한 엄마가 아이 미술학원을 안 보냈더니 학교 미술 시간에 선생님이 "너는 그림이 왜 이러니?"라며 핀잔을 주었고 점수도 낮게 주셨다고 한다. 그래서 바로 미술학원에 등록했다는 이야기를 들었다. 남과 다른 표현을 다양성을 인정하지 않는 한국의 교육이 이럴 때는 참 원망스럽다. 내 아이들도, 그런 날이 오면, 학원을 보내야 하나? 고민을 할 날이 올 거라 생각하니 슬프다.

그래도 요즘은 정해진 틀에 맞추지 않고 다양하게 아이들이 표현하고 상상하고, 창의력을 키울 수 있는 학원들이 나오는 것 같아 다행이라고 생각한다. 하지만 그래도 그 시간에 그냥 아이들 실컷 놀면 창의력, 상상력 충분히 발달 될텐데... 아이들 놀 시간도 부족한데 굳이 돈 주고 학원에 앉혀서 가르칠 필요가 있을까 하는 생각이 드는 건 어쩔 수 없다.

놀이의 효과로 언어지능의 발달도 들 수 있다. 소꿉놀이, 병원놀이, 선생님 놀이 등 아이들은 다양한 놀이를 한다. 그런 또래와의 놀이를 통해서 아이들은 친구와 상호작용을 함으로써 언어 지능을 발달시킬 수 있다. 이런 놀이를 통해 아이들은 규칙도 정하며 사회성도 배워나간다. 배경 지식 또한 넓힐 수 있다.

어릴 때 아이들이 좋아하는 놀이중 하나는 소꿉놀이다. "내가 엄마 할게, 네가 아기 해, 아빠 해" 하면서 역할을 정해서 즐겁게 놀이를 한다. 그렇게 역할 놀이를 하면 정서를 자유롭게 이야기하면서 성취감과 표현 능력을 기를 수 있다. 이야기를 스스로 만들어내고 이를 통해 창의력, 상상력 또한 높아진다.

놀이를 통한 신체발달은 그야말로 보너스이다. 돈 내고 운동하러 다니지 않아도 끊임없이 뛰고, 올라가고 매달리며 신체를 골고루 발달시킬 수 있다. 신나게 뛰어놀고 나면 긴장되고 불안해진 정서 또한 해소할 수 있다. 또한 정서발달에도 도움이 된다. 성취감, 만족감, 스릴과 재미를 통해 긍정적인 자아개념, 자율성, 인내심, 자신감등 긍정적 정서를 형성하게 만들어 준다.

꼭 앉아서 하는 공부만이 아니더라도 아이들은 놀면서 이렇게 수많은 것을 배운다.

충분히 놀 시간, 아이들이 충분히 탐구하고 충분히 알고 싶은 호기심을 가질 시간을 부모들은 확보해 주어야 한다. 그래야 핀란드 아이들처럼 하고 싶은 것 실컷 하고 공부할 때는 또 열심히 하는 아이들로 만들 수 있지 않을까? 그러면 행복하게 공부하는 아이들이 될 수 있지 않을까 기대해본다. 결국 우리는 행복한 삶을 위해서 공부를 하는 것이니까.

04

공부 못해도 상관없다?

필자는 아들이 학교에서 시험을 보고 와서 점수가 좋지 않아도 야단을 치지 않는다. 일기를 쓰거나 독서록 작성을 할 때 한글 받침이 틀린 것이 있어도 잘 지적해 주지 않는다. 어쩌다 한번 툭 "요거 실수했구나!"하고 슬쩍 말해주고 마는 정도랄까? 이것도 10번에 1번도 말해줄까 말까이다. 왜냐하면 일기나 독서록을 쓰는 것은 아이의 글쓰기가 목적이지 받침 교정이 목적이 아니기 때문이다. 아이의 글을 보고 내용에 칭찬을 해 주어야지 받침 하나 하나 틀린 것을 지적하다 보면, 아이는 글을 쓰면서 받침에 신경 쓰느라 자유롭게 생각하기 힘들어지기 때문이다. 한글 받침은 책을 많이 읽고 글을 쓰면 자연스레 시간이 지나면서 늘어간다. 글쓰기가 목적인데 받침 교정에 열을 올리는 건 마치 빈대 하나 잡으려다 초가삼간 태우는 격이라 생각한다. 왜

냐하면 받침 지적을 매번 받으면 아이들은 더 이상 글쓰기에 흥미를 가지지 않게 될 것은 너무 당연하기 때문이다.

필자도 예전엔 글쓰기 할 때 '당연히 받침을 알려줘야 하는 거 아닌 가?' 매번 체크하면서 알아가야지 한글 실력이 늘 거라고 생각했다. 그런데 어느 날 TV에서 미국 교육에 대한 방송이 나왔다. 미국에서는 글쓰기 수업시간에 선생님은 아이가 스펠링이 좀 틀리더라도 절대 감점처리 하지 않는다고 한다. 스펠링에 신경 쓰다 보면 아이가 글쓰기에 재미를 붙일 수 없다고 한다. 그걸 보고 '아! 그럴 수 있겠구나!' 하고 무릎을 쳤다. 나도 초등학교 때 생각해보면 글쓰기 할 때마다 항상 받침을 지적받으니 틀릴까봐 오히려 글쓰기에 흥미를 갖지 못하게 되었던 것 같다. 쓰면 지적받는데 어느 누가 글을 쓰고 싶겠는가?

받아쓰기 역시, 점수 가지고 야단치지 않는다. 당장 100점 맞는 것이 결코 중요하다고 생각하지 않기 때문이다. 엄마가 100점 운운하며 점수에 연연하면, 아이는 받아쓰기 시험 볼 때마다 분명 스트레스를 받게 된다. 받아쓰기 시험 자체가 싫어진다. 그렇다면 아이에게 시험 보는 학교는 또 얼마나 가기 싫은 곳이 될까? 나는 아이들이 하나 하나 알아가는 기쁨을 절대 놓쳐선 안 된다고 생각한다. 그런데 대부분의 부모들은 너무 조급한 나머지 당장 100점에 너무 연연한다. 그렇게 아이 공부를 시키고 연연해하면, 당장 100점을 맞는 아이가 될지는 모르지만 공부를 즐기는 아이가 되기는 힘들다. 어차피 시간이 지나면서 아이들은 받침을 알아간다. 빨리 다 깨우치는 게 중요한 것이 아니라, 아이가 즐겁게 공부를 하게 만들어주는 것이 중요하다. 교육은 장기 레이스 마치 마라톤 같다. 공부에 대한 긍정적인 인식이 아닌 초반부터 공부는 힘들고 지겨운 것, 스트레스 받는 것이란 생각을 갖게 되면 그 긴 시간 어떻게 버텨 나갈 수 있을까?

항상 "아이 받아쓰기 100점이 뭐가 중요해, 산수 당장 100점이 중요한 게 아니야!" 이야기 하니, 아이가 공부 못해도 전혀 상관없는 사람(?)이라는 오해를 받곤 한다. "명문대도 좋은데, 나는 아이가 자기가 좋아하는 일을 하며 살았으면 좋겠어. 만약 요리사가 되고 싶으면 식당을 운영하며 살면 되지, 꼭 명문대 졸업해서 전문직을 해야만 행복하게 사는 건 아니잖아." 이런 이야기들을 했더니, '아~ 이 사람은 애 명문대 보내는데 전혀 욕심이 없구나!' 라고 판단을 하는 것 같다. 가만 생각해보니 충분히 그렇게 생각할 수 있겠다 싶었다. 다들 보내는 영어학원은 물론이고 학습지 하나 안 시키고 정말 운동이나 공부에 관련 없는 것들만 시키고 있으니, 공부에 전혀 뜻이 없나보다 생각할 수 있다.

그런데 과연, 내 자식이 명문대 진학하고 남들이 다 인정하는 좋은 직업을 갖게 된다고 하면 그걸 마다할 사람이 있을까? 나 역시 우리 아이들이 명문대 갔으면 좋겠다. 판검사나 의사 등 누가 봐도 사회적인 위치에 서는 직업을 갖게 되면 가문의 영광이다. 아마도 다들 내 아이들이 그렇게 되길 바랄 것이다. 내 아이가 '아픈 사람들을 치료하며 살고 싶다고 큰 뜻을 품고 의사가 꼭 될래요' 이런 꿈을 갖고 열심히 해서 의사가 된다고 하면 난 정말 두 팔 벌려 환영할거다. '저는 이 사회의 정의를 구현하기 위해서 법조인이 되고 싶어요!' 라고 해도 너무 좋을 거다. 본인 스스로 열심히 그 꿈을 위해 열심히 공부한다면 정말 어떻게든 가르치고 싶은 게 부모마음이다. 나 역시 그렇다.

그런데 내 아이가 부모의 뜻과는 전혀 상관없는 꿈을 꾸게 될 경우, 능력이 부모의 기대에 턱없이 미치지 못할 경우, 나는 불행이 시작된다고 생각한다. 사람은 다 모양새도 다르지만 자기 안의 그릇의 크기를 다르게 갖고 태어난다. 재능도 다르고 좋아하는 것, 하고 싶은 것이 다 다르다. 만약 내 아이가 수리 쪽이 너무 약해 누가 봐도 문과 쪽에 어울리고 관심도 많은 아이라고 가정해보자. 책 읽고 상상하거나 글 쓰는 걸 너무 좋아하는 아이인데, 글 써서 뭘 먹고 살 수 있겠냐며 부모가 "너는 꼭 의사가 되어야 해" 라고 진로를 강요하는 경우에는 아이에게 비극이다. 겁도 많아 벌레 한 마리 잡지 못하는 아이라면 설사 공부를 잘해서 의대에 들어갔다 하더라도 의과 공부를 제대로 잘 해낼 수 있을지 의문이며, 아마 공부하면서도 행복하지 않을 것이다. 그런 아이는 의사가 된다 하더라도, 평생 얼마나 불행할까.

주변을 보면 이런 경우들이 너무 많다. 아이들은 각자 꿈이 다 다르다. 어릴 때는 요리사, 축구선수, 프로게이머 등등 다양한 꿈을 꾸지만 많은 아이들이 대학 진학을 할 때 적성과는 상관없이 선택을 하곤 한다. 본인이 뭐가 되고 싶은지는 몰라도 부모님이 시키는 대로 공부를 열심히 하는 아이라면 그나마 다행이다. 최소한 이 아이들은 공부를 잘해야 좋은 대학, 좋은 직장을 얻을수 있다고 생각해 열심히 해야겠다는 마음이라도 있으니까. 꿈은 없지만 적어도 이 아이들은 목표라도 있으니 다행이다.

그런데 이런 아이들을 제외하고 왜 공부해야하는지도 모르고 자기가 뭘 좋아하는지, 뭘 하고 싶은지도 몰라 무기력하게 있는 아이들은 정말 문제가 크다. 생각보다 많은 아이들이 공부에 무기력하다. 부모 뜻을 거역하지 못해서, 공부해야 한다고 하고, 학생이니까 어쩔 수 없이 하루 종일 책상에 앉아있지만, 성적도 안 오르고 공부도 잘 못한다. 이도 저도 아니게 공부도 안하면서 학교, 학원만 왔다 갔다 하다가 시간 다 보내고 원하는 대학도 못가면 얼마나 허무한가. 그 시간이 얼마나 아까운가. 아이들에게 그 시간은 얼마나 힘들고 고통이 될까? 이런 아이들이라면 학원 보다는 뭘 하고 싶은지, 뭐가 되고 싶은지 탐색하는 것이 더 먼저인 것 같다. 내가 하고 싶은 것, 되고 싶은 것이 있어야 공부에 대한 의욕이 생겨 공부를 할 수 있기 때문이다.

아직 우리 아이들에게 꿈이 정해져 있지 않다. 얼마전 까지만 해도 아들은 요리사가 꿈이라고 했다가 지금은 개그왕이 꿈이란다. 딸은 가수가 꿈이라고 한다. 나는 꼭 그렇게 될 거라고 이야기해준다. 하지만 아이들이 꼭 요리사나 가수가 될 거라고 생각하지 않는다. 앞으로 크면서 수 십 가지의 꿈을 꾸게 될 것이다. 어떤 꿈이 되었든 나는 지지해 줄 생각이다. 그 꿈을 이루기 위해서는 어떤 공부를 어떻게 해야 할지 함께 의논할거다. 어떤 꿈이든 공부도 열심히 하고 책도 열심히 읽으면 그 분야에서 최고가 될 수 있을 거라며 공부에 대한 의욕을 북돋아 줄 것이다. 꿈의 묘약을 누구보다 잘 알고 있기 때문이다. 그렇게 꿈을 위해 열심히 공부하다 또 꿈이 바뀌어도 상관없다. 정말 그 분야의 최고가 되어도 좋고 아니면 다른 직업을 갖고 취미로 해도 되고 다양한 방법과 길이 존재 할 테니까.

나는 적어도 아이들 인생코스를 정해놓고 "너는 명문대가서 전문직이 되어야해" 라고 하고 싶지는 않다. 남들 보기에 좋은 직업이 아니더라도 아이들 스스로 행복함을 느끼고 보람을 느낄 수 있는 직업을 가졌으면 하는 바람이다. 여러 가능성을 두고 아이들 진로를 찾아가길 바라는 것이지 절대 아이가 점수 빵점을 맞아도, 공부 못해 친구들에게 무시를 받아도 상관없다는 뜻은 아니다.

필자가 아는 분 남편은 의사이다. 어려서 자유롭게 컸고 중학교 이후 공부를 열심히 해서 의대에 입학했다. 졸업 후 돈 많이 주는 서울 소재병원에서 오라고 했는데 그것을 거절하고 월급도 적은 시골의 병원에 들어가기로 했다. 연구하는 분야에서 일하고 싶었다고 한다. 가족들이 모두 말렸다. 심지어는 가족들이 갓 결혼한 지인에게 제발 설득 좀 해달라고 할 정도였다. 그런데 내 지인 역시 대단한 사람이다. 돈 보다는 본인이 하고 싶은 일을 하는 게 좋을 것 같다며 남편 뜻을 따랐다. 보통의 여자였다면 돈도 훨씬 많이 받는 유명한 서울의 병원에 가길 누구보다 바랄 수 있었을 텐데 말이다. 난 그 의사도, 지인도 참 대단한 사람들이라는 생각을 한다.

나는 우리 아이들을 지인의 남편처럼 키우고 싶다. 의사라서 그렇게 키우고 싶은 것이 아니라, 자유분방하게 하고 싶은 일을 하면서 본인의 의지로 스스로 공부하고 돈 보다는 자신이 원하는 일을 선택하며 즐겁게 보람을 느끼며 살 수 있는 멋진 성인이 되었으면 좋겠다.

자신의 인생을 스스로 잘 개척해 나가는 현명한 아이들로 컸으면 좋 겠다.

05

지적호기심이 가득한 아이로 만들자

딸아이가 올해 초등학교 입학을 했다. 아들이 초등학교 입학할 때도 사람들이 "입학 준비 잘 하고 있으세요?" 라고 묻곤 했다. 나는 뭘 준비해야 하는 거지? 준비해야하는 것이 있나 싶어 "준비해야 하는 것이 있나요?" 라고 물었다. 그랬더니 학교 가기 전에 무슨 무슨 학원이니, 학습지니 이런 이야기들을 했다. 평소에 아이들은 놀아야지 하던 엄마들도 초등학교 입학 전 7세가 되면 조급해진다.

오늘은 이제 7세가 된 아이의 엄마를 만나 차를 마셨다. 다들 초등학교 들어가기 전에 공부시켜야 하는데 왜 이렇게 안 시키냐며 주변사람들이 난리여서 초등학교 보내본 엄마하고 이야기를 해보고 싶었다고 한다. 얼마 전에는 딸아이 쌍둥이 친구 할머님이 걱정스러운 얼굴로 "초등 1학년 과정 어려워요?" 하고 물어보셔서 정말 놀랐다. 그 두 아이들은 책을 누구보다 많이 보고 좋아하는 아이들이다. 학습하는 학원은 다니지 않아도, 두 아이 다 누구보다 똑똑한데도, 걱정이 되는 듯하셨다.

사실, 나도 책만 읽히고 학습지, 학원 하나 안 보내는 엄마로, 걱정이 없었던 것은 아니었다. 정말 책만으로 되는지 걱정이 되어서 수많은 책들을 읽었다. 그 수많은 책에서 초등 1학년은 독서면 충분하다고 했다. 초등 저학년 잘하면 그 이상까지도 가능할 수 있겠다는 생각이 들었다. 나는 독서의 힘을 믿기로 했다. 그리고 정말 무식하게 책만 읽혔다. 공부라고는 학교 숙제만 했다. 문제집 하나 따로 푼 게 없다. 받아쓰기 시험은 집에서 한번 써보는 것이 시험 준비의 전부였다. 가뭄에 콩 나듯 100점 맞아오는 날도 있고 아닌 날들은 평균 70점 80점은 맞아왔다. 심하게 덤벙댄 날은 점수가 엉망인 날도 물론 있었지만 아이가 즐겁게 학교생활하고 수업시간에 스트레스 받지 않으니 괜찮다고 생각했다. 담임 선생님께도 학원 안 보내는지라, 혹시 아이가 못 따라가면 꼭 연락 달라고 부탁드렸는데 잘 하고 있다고 말씀해 주셔서 안심했다. 나는 그걸로 충분하다고 생각했다. 지금은 배움의 즐거움을 느껴야 할 시기이니까.

학원보다 책 한권 제대로 읽는 것이 아이에게 도움이 된다 생각하니 걱정될 것이 없었다. 아이가 100점을 맞아오지는 못했지만 감사하게도, 학습 평가란에 '매우 잘함, 잘함'이 대부분이었다. 학습지 하나 풀리지 않았어도, 수학문제 하나 풀지 않았어도 아이가 학교 수업을 어려워서 못 따라가지 않았다. 아직 저학년이라 받아쓰기, 쉬운 연산 정도이니 큰 무리가 없었던 것 같다. 대부분 부모님들이 초등학교 입학 전에 막연하게 두려움을 갖고 있는 것 같다. 그런데 1학년은 학원, 학습지 하지 않아도 충분히 따라갈 만한 수준임을 부모님들이 알았으면 좋겠다. 어릴수록 주입식의 학습보다는 독서나 다양한 체험으로 배경지식을 넓혀주면 어떤 아이라도 큰 무리 없이 잘 할 수 있다고 생각한다.

보통 초등학교 저학년까지는 쉽고 4학년부터 학습양이 많아져 갑자기 어려워진다고 한다. 그때는 엄마가 해주고 싶어도 해줄 수가 없어서 학원을 보낼 수밖에 없다고 한다. 나도 그때 되면 수학이나 학습 학원을 보내게 될지 모르겠다. 아이가 원하고 내가 해줄 수 있는 것이 없을 때는 학원의 힘을 빌릴 생각이다. 그런 시기가 오기 전에 더욱 아이의 밭에 거름을 많이 뿌려 놓아야 한다고 생각한다. 초등 저학년에 유아기 시절에 책을 많이 읽어두고 다양한 직접경험을 많이 해 두어 학습의 기초를 다져 놓아야 한다. 나는 이 거름을 '책상에 앉아서 하는 학습으로의 공부가 아닌, 즐겁게 엄마 품에서 책을 읽으며, 엄마 사랑 듬뿍 받으며, 책을 좋아하는 아이로 만들어 놓는 것, 그리고 엄마 아빠와 나들이 다니듯, 과학관, 박물관, 도서관 등을 즐겁게 다니며 다양한 영역에 호기심을 갖게 만들어 놓는 것'이라고 생각한다.

어려서부터 엄마 품에서 책을 읽은 아이들은 당연하게 책이란 재미있는 것, 즐거운 것, 엄마 품이 생각나는 기분 좋은 것이 된다. 박물관, 도서관, 과학관등도 엄마랑 나들이 다니듯 즐겁게 다닌 기억이 있는 아이들은 누구보다 호기심이 왕성하다. 책을 좋아하는 아이, 활자에 거부감이 없는 아이 그리고 무엇이든 호기심이 강한 아이라면 학교에 가서도 큰 무리 없이 따라갈 수 있지 않을까? 당장은 공부 잘하는 아이, 우수한 아이로 보이진 않을지라도 공부에 대해 큰 거부감 없이 학교를 즐거운 곳으로 여기며 다닐 수 있는 아이라면, 언젠가 '공부해야지!' 마음먹었을 때는 누구보다 열심히 하는 아이들이 될 거라 확신한다. 아무리 머리가 좋아도 본인이 하고자 하는 마음이 없으면 절대 공부 잘할 수 없다. 반대로 머리가 좀 둔한 아이지만 본인이 즐기고 본인이 하고자 하는 열정이 넘치면 잘할 수 있다. 이 밑거름을 깔아주는 것이야말로 부모가 해줄 최선의 방법이 아닐까?

내가 아는 동생은 자기 아이와 언니네 아이가 개월 수가 비슷하지만 본인 애는 책도 읽기 싫어하고 모든걸 하기 싫어하는데, 조카는 늘 보면 호기심이 많다고 한다. 아이가 호기심이 많으니까 늘 여기 저기 데리고 다니면서 보여준다고. 그 애는 호기심이 많은데 우리 애는 도대체 호기심이 없다고 걱정했다. 내가 언니는 원래 여기저기 데리고 다니지 않았느냐고 물어 보았다. 그랬더니 워낙 애 교육에 관심이 많아서 아이한테 좋다는 건 다 꿰고 있다고 했다.

필자는 그 이야기를 듣고 엄마가 교육에 관심이 많아서 육아에 대해 공부를 많이 했을 것이 분명하고, 그렇기에 아이 발달에 필요한 것들을 즐겁게 시키고, 여기 저기 간접적이든, 직접적이든 체험을 많이 하게 해 주었을 거란 생각이 들었다. 당연히 책도 어려서부터 즐겁게 읽어 주었을 게 분명하다. 이런 것들이 선순환이 되어 호기심이 더 왕성한 아이가 되고 그 호기심을 부모가 채워주니 더욱 똑똑한 아이로 클 수 있는 것이다. 난 그 아이가 호기심이 많아서 부모님이 데리고 다녔다기 보다 부모가 먼저 여기 저기 즐겁게 데리고 다니고 많이 노출시켜주니 호기심이 더 왕성한 아이가 되었을 거라고 확신한다.

아이들은 누구나 호기심이 왕성하다. 태어나서 보이는 모든 것들에 호기심을 가진다. 그러기에 아기 때는 입으로 모든 빨아보면서 호기심을 해결하고 좀 더 커서는 이것저것 다 꺼내고 만지고 탐색한다. 화장

품도 다 열어 흘리고, 서랍 속 옷을 다 꺼내 어지르고, 주방에 있는 냄비며 집기를 꺼내고, 심지어는 조미료를 꺼내 쏟기도 하고 쌀, 잡곡도 마구 어지르며 만지고 논다. 이 시기에 부모는 아이를 저지시키기 바쁘다. 이 모든 게 세상에 대해 알고자 하는 호기심으로 생기는 현상이다. 그런데 이 시기 우리 부모들은 어떤가? 아이가 이것저것 만지고 어지르고 하는 게 너무 힘드니 못하게 하고, 야단치고, 심지어는 가드로 그 안에서만 있게끔 막아둔다. 아이들은 뭐 하나를 하려고 하면 부모님이 안 된다고 하니 호기심을 가지고 뭔가를 시도하지 않는 아이들이 되어 버린다.

아이가 호기심이 없는 아이라면 부모님이 모든 하지 못하게 저지하거나 뭘 하더라도 긍정적인 말보다는 부정적인 언어를 사용하지 않았나 생각해 보아야 한다. 반대로 호기심이 왕성한 아이로 키우고 싶다면 아이의 호기심을 최대한 부모가 허용해 주어야 한다. 그렇게 호기심 강한 아이로 키운다면, 반은 성공이다. 공부를 할때, 호기심이 생겨야 책도 찾아보고 이런 저런 여러 방법으로 그 호기심을 해결하면서 지식도 쌓을 수 있기 때문이다. 알고 싶은 것도 없고 관심도 없는데 해야만 하는 공부라면 얼마나 지겹고 힘들까? 지적 호기심을 가지게끔 만들어준다면 아이는 충분히 공부를 잘할 수 있는 바탕을 가지게 될 것이다.

그렇게 지적 호기심을 충족하며 알아가는 즐거움을 아는, 그 안에서 성취감을 느끼는 아이들로 키운다면 긴 시간 공부하는 과정에서 조금은 덜 힘들게, 수월하게 공부를 하는 아이들이 되지 않을까?

06

마법의 주문 "긍정"

모든 부모들이 아이들이 책을 많이 읽었으면 좋겠다고 말한다. 아이가 책을 많이 읽으려면 우선 책을 좋아해야 한다. 책이 싫은데 어떻게 책을 많이 읽을 수 있을까? 어른들에게 "책 많이 읽으세요." 라고 하면, 좋아하지도 않는데, 많이 읽을 수 있을까? 책을 좋아하는 아이로 만들기 위해서는 책에 대해서 좋은 이야기들을 많이 들려주어야 한다.

A라는 친구가 내가 잘 알지 못하는 B라는 친구에 대해서 "B는 성격도 굉장히 좋고 친절하더라."라고 말하면 그 친구에 대해 좋은 이미지를 갖게 된다. 하지만 "B 쟤 성격 이상한 것 같애. 좀 예의 없던데?" 라는 이야기를 들으면 B에 대해서 잘 알지도 못하지만 예의 없는 사람

이라는 선입관을 가지게 된다. 그리고 그 사람이랑 별로 친하게 지내고 싶지 않게 된다. 참 신기하다. 이렇게 사람은 누구나 선입관을 가진다. 책에 대해서도 부모님이 '책은 지겨운 것, 재미없는 것' 이런 식으로 부정적인 이미지를 주면 아이들도 책에 대해 나쁜 이미지를 가지게 된다. 책에 대해서 반드시 긍정적인 이미지를 아이들에게 심어주어야 한다. 그래야 아이들은 '책은 재미있는 것이구나. 나도 보고 싶다.' 라고 생각하게 된다. 나는 일부러라도 "엄마는 책이 재미있어서 얼른 책 보고 싶다"라고 말한다. 설거지를 하다가도 "엄마, 얼른 설거지 하고 책 보고 싶다!"라고 한다. 이러면 아이들은 책이 재밌나보다 여기게 된다.

책을 좋아하는 아이로 만들고 싶은데 부모들은 아이가 뭔가를 잘못하면 "너 벌로 책 몇 권 읽어" 이런 벌을 준다. 생각보다 이런 벌을 주는 분들이 의외로 많다. 이렇게 되면 아이들에게 책은 벌의 또 다른 이름, 즉 회초리와 다를 게 없는 것이 되어버린다. 벌 받을 때 책을 읽어야 한다면 그 책이 아이에게 즐거운 것이 될 리 없다. 《하루나이 독서》의 재혁 아버지 이상화 저자는 아이가 책을 재미있는 것으로 인식하게 하기 위해, 일부러 벌을 줄때면 책을 몇 일 못 읽게 하고, 아이가 어떤 책을 읽었으면 하는데 관심 없으면 아침에 출근하면서 "이 책 너무 재미있는 것 같아서 아빠가 잠시 빌려갈게"라며 아이의 호기심을 끌어

내었다고 한다. 사람은 참 신기하다. 하지 말라고 하면 더욱 하고 싶어지기 때문이다. 하지만 하라고 하면 오히려 하기 싫어진다. 나 역시 성인이 된 지금까지도 하지 말라고 하면 오히려 더 궁금해지고 하고 싶어진다. 우리 모두에게는 청개구리 기질이 다 있는가 보다.

부모님이 책은 재미있는 이야깃거리가 많은 것, 우리를 똑똑하게 만들어주는 아주 고마운 존재 이런 식으로 책에 대해서 긍정적인 이미지를 만들어주어야 한다. 그렇다고 잔소리하며 "책 읽어야 똑똑해지지. 책 읽어!!" 하며 책에 대한 강요를 하며 스트레스를 준다면 결코 책은 아이에게 즐거운 것이 될 수 없다. 아이가 책을 좋아하게끔 부모가 긍정적인 환경 조성을 해 주는 것이 가장 중요하다.

책 뿐만이 아니다. 우리 인생에 있어서 긍정적인 마음은 굉장히 중요하다. 긍정적인 마인드를 가진 아이로 커야 성공적인 삶을 살아갈 수 있다. 항상 '난 못해. 힘들어, 어려워' 하는 아이라면 어느 것도 해낼 수 없다. 공부뿐만 아니라 살면서 헤쳐 나가야 할 많은 것들을 시도조차 하지 않는 성인으로 살아가게 된다. 하지만 긍정적인 에너지가 넘치는 아이로 키운다면 살면서 힘들어도 도전하고 시도하며 이겨내며 살아가는 아이가 될 수 있다. '난 할 수 있어!' 라고 생각하는 사람과 반대인 사람은 시작부터 다르다. 삶을 살아가는 에너지야말로 바로 할 수 있다는 긍정적인 생각인 것 같다. 우리는 우리 아이들을 꼭 긍정적인 아이들로 키워야 한다.

넌 할 수 있어 라고 말해주세요~ ♪ 우리는 무엇이든 할 수 있지요~ ♪
짜증나고 힘든 일도 신나게 할 수 있는 꿈이 크고 고운 마음이 자라는 따뜻한 말 ♪
넌 할 수 있어 ♪ 큰 꿈이 열리는 나무가 될래요. 더 없이 소중한 꿈을 이룰 거예요 ♪

아이들이 좋아하는 동요 〈넌 할 수 있어 라고 말해주세요〉의 가사이다. 난 이 동요를 너무 좋아한다. 아이들이 어린이집을 다녀와서 이 노래를 신나게 부르는데 가사가 너무 좋았다. 이 노래처럼 '넌 무엇이든 할 수 있어'라고 말해주자. 그러면 정말 우리 아이들은 무궁무진하게 무엇이든 해 내는 아이들로 커 나갈 것이다.

내 딸은, 오빠가 뭔가를 잘해서 칭찬을 받으면, "난 그거 못해"하며 시도조차 하지 않으려고 했다. 둘째라 욕심이 많아서 그런지, 오빠보다 잘하는 것이 있으면 그렇게 잘난 체(?)를 하면서, 오빠보다 못하는 게 있으면 오빠에게 지기 싫어서 시도조차 하지 않으려 했다. 그래서 나는 "행운아, 사람이 처음부터 잘하는 건 아무것도 없어. 너 인라인 스케이트 처음 탔을 때 서 있지도 못했지? 그런데 지금은 배우고 연습하니까 잘 타잖아. 글씨 쓰기도 처음엔 삐뚤빼뚤 너무 힘들었는데, 이제는 잘 쓰게 되었지? 모든 마찬가지야. 처음엔 해보지 않았던 것들이라 서툴고 힘든 것뿐이야." 라고 늘 말해 주었다. 이런 이야기를 수 십 번은 반복해서 해주는 것 같다. 그러면, 시도조차 하지 않다가도 "그럼 엄마 나도 많이 연습해볼게" 하며 열심히 한다. 안되던 것들이 능숙해 지고, 잘 하게 되면 "엄마, 나 이제 잘하게 됐다"면서 성취감 가득한 얼굴로 신나한다.

나도 예전에 아들이 뭔가 너무 못하는 모습을 보고는 너무 답답한 마음에 "너 바보야!"라고 내뱉은 적이 있었다. 순간 아차차 했지만 이미 내뱉은 말을 주워 담을 수는 없었다. 정말 입을 꿰매버리고 싶었다. 나중에 "엄마가 바보다. 그런 나쁜 말을 하고. 미안해"라고 했더니 아들이 엄마가 바보라고 해서 너무 속상했다고 말했다. 아~ 지금이라도 시간을 거슬러 가서 아들에게 그 순간의 기억을 지워버리고 싶다. 그 이후 나는 다시는 아이들에게 그런 부정적인 말은 절대 하지 않으려고 노력한다. 간혹 실수로 한다고 해도 꼭 사과를 한다. 만약 내가 습관적으로 "넌 이것도 못해? 다른 애들은 잘하는데 왜 너는 못해. 너 바보야? 똑바로 해!" 등등 부정적인 언어를 계속 사용했다면 내 아이들은 지금처럼 모든 의욕적이고 호기심이 왕성한 아이들로 자라지 않았을 것이다. 항상 위축되고 엄마한테 혼날까봐 바보 소리 듣고 싶지 않아서, 어려운 것은 시도조차 하지 않는 아이들이 되어 버렸을지도 모를 일이다. 내가 정말 너무 늦지 않게 육아에 관심을 갖고 육아서를 읽어 깨우친 게 많아 참 감사하다.

성공학 책을 읽다보면 긍정적인 생각이 얼마나 중요한지 알 수 있다. 나의 과거를 가만히 생각해보니 '난 못해. 어려워.' 이런 생각을 가지고 있던 때에는 정말 어느 것도 해내지 못했다. 하지만 '다른 사람들도 하는데 나라고 왜 못하겠어.' 라는 생각을 가지고 있을 때는 정말 내가 기대했던 것 이상의 결과를 만들어냈다. 똑같은 나인데 결과는 너무 달랐다.

내가 가장 좋아하는 말이 'he can do it. she can do it. why not me?' 이다. 사실 나는 이 말을 처음 어딘가에서 들었을 때는 긍정적인 사람이 아니었다. 이 말이 마음에 그다지 안 다가왔다. '그들은 나와 같은 평범한 사람이 아닐거야. 뛰어난 사람들이겠지. 그러니 성공할 수 있었겠지. 난 못해' 라고만 생각했다. 자신감이 굉장히 결여되어 있었다. 그 시기에 나는 어떤 것도 시도하지 못했고 두려워했다.

중학교 3학년 때 한 선생님께서

"아이큐가 130인 아이가 있고 아이큐가 100인 아이가 있어, 130인 아이를 100인 아이가 따라잡으려면 어떻게 해야 하겠니?" 라고 질문을 하셨다. 왜 그런 말씀을 하시는지 너무 궁금했다. 아이큐가 130인 아이를 100인 아이가 도저히 따라 잡을 수 없을 것 같았다. 친구들이 멀뚱 멀뚱 있자 설명을 해주셨다. 아이큐가 100이라면, 130인 친구가 2시간을 공부한다면, 너희는 3시간 그것도 부족하면 무조건 그 이상을 해야 한다고... 무조건 더 많이 공부해야 한다고. 그러면 머리가 좋지 않아도 이길 수 있다고 말씀하셨다. 너무 당연한 이야기였지만 그 전에 나는 절대 130인 아이를 이길 수 없다고만 생각하고 살았다.

성인이 된 어느 날, 갑자기 오래전 선생님의 그 말씀이 떠올랐다. 그때부터 나는 자신감을 갖기로 했다. 어딜가나 나보다 능력이 뛰어난 사람은 있게 마련이다. 주눅 들지 않기로 했다. '그들이 100번을 시도해서 성공했다면 난 내 능력에 맞게 150번이든, 200번이든 될 때까지 하면 나도 그들을 따라 잡을 수 있겠구나.' 라는 생각을 하게 됐다. 내 능력에 맞는 방법을 찾기로 했다. 비교 따위 하지 않기로 했다.

우리 아이들은 '한국을 빛낸 100명의 위인들'을 좋아하고 잘 부른다. 아이 친구 엄마가 아이들이 노래 부르는걸 보더니 "축복이 행운이는 한국을 빛낸 100명의 위인들 다 외우는 것 같은데 우리 애들은 그렇게 틀어줬는데도 아직 못 외워요"라고 말했다. 그래서 내가 "에이~

그럼 우리 애들이 그 집 애들보다 100번은 더 많이 들었나보지요."라고 대답했다. 그 분을 위로하려고 그런 말을 한 게 아니다. 실제로 그렇다고 생각한다.

아이들이 남들보다 뭔가가 부족하더라도 항상 이런 말을 해준다.

"처음에는 누구나 못해. 하지만 뭐든 연습하면 잘하게 되는 거야. 10번 해서 안 되면 20번, 30번 계속 하면 되는 거야."

"엄마, 근데 30번해도 안되면 어떻해?"

"그럼 100번 하면 되지! 잘할 수 있을 때까지 하면 되는 거야. 세상에 못하는 건 없어."

이렇게 늘 이야기해주니 아이들은 본인이 부족한 사람이라고 여기지 않고 연습이 부족한 것이라는 생각을 한다. 다행이 남들과 비교하면서 위축되지 않는 아이들로 크고 있는 것 같다. 뭐든 연습하고 열심히만 하면 '할 수 있다'는 긍정적인 생각을 하는 아이들로 크고 있다. 능력은 부족할지라도 이런 생각을 하는 아이들이라면 뭐든지 해내는 아이들로 클 수 있지 않을까.

항상 긍정적인 사람은 표정도 밝다. 똑같은 것을 가지고도 감사하게 생각하고 자신감이 넘친다. 주변에 보면 재산이 많아도 부족하다고 생각하는 사람이 있다. 항상 불만속에 살고있다. 하지만 가진 것이 적더라도 감사해하고 만족하며 행복을 느끼며 사는 사람이 있다. 대체적으로 긍정적인 사람들이다. 나는 아이들이 작은 것에도 감사하고 행복해 하며 사는 아이들이 되었으면 좋겠다. 명문대를 나오지 않아도, 남들 눈에 대단한 직업을 가지지 않더라도, 본인이 하고 싶은 일을 하고, 하고 있는 일에 자부심을 가지며 스스로 행복을 만들어가고, 그 행복을 소중히 여기는 사람이 되었으면 좋겠다.

07

가슴 뛰는 삶을 살게 하자

필자는 개인적으로 꿈이 뭔지도 모르고 40년 가까이 살았다. 내 친구 중에는 지금 뮤지컬 배우로 활동하고 있는 친구가 있다. 고 3때 같은 반 친구로 연기자가 되고 싶다고 했는데 부모님 반대가 심했다. 결국 여자 직업으로 괜찮다고 부모님이 추천해 주신 유아교육학과를 진학했다. 취직해서 몇 년간 일을 하기 했지만 항상 배우에 대한 꿈을 접지 못했다. 언제나 에너지가 넘치는 친구였다. 그 당시 마침 뮤지컬 배우 엄기준씨 팬클럽 회원이어서 엄기준씨에게 친구가 뮤지컬 배우가 되고 싶어 하는데 뭘 배워야 하는지 물어보았다. 엄기준씨는 성악을 배우거나 뮤지컬학과를 진학해보는 것도 좋다고 말해주었다.

그 친구는 얼마 후 유치원을 관두고 뮤지컬 학과에 다시 진학했다. 그곳에서 열심히 배워 졸업작품 뮤지컬을 한다고 해서 꽃을 들고 갔는데 그 친구의 모습에서 얼마나 빛이 나던지. 잘하고 못하고의 문제가 아니라 꿈을 이뤄가는 과정에서 얼마나 힘들었는지, 그 친구가 얼마나 이 일을 하고 싶어 했는지 알았기에 공연 보는 내내 눈물이 났다. 공연이 끝나고 친구가 내려왔는데, 울고 있는 내 모습을 보고 그 친구도 울고, 나도 울고, 둘이 꼭 껴안고 울었다. 지금도 그때 생각을 하니 그때의 감정이 떠올라 코끝이 찡해진다. 지금은 10년이란 긴 시간 동안 뮤지컬 배우로써 당당하게 본인의 꿈을 이루며 살아가고 있다. 결혼 후 애 키우느라 바빠서 연락은 잘 못했지만 항상 마음으로 응원하고 있다.

그 친구를 보면서 나는 한편으로 참 부러웠다. 나는 그렇게 간절하게 '뭔가가 하고 싶다, 되고 싶다'고 생각해본 적이 없었다. 어릴 적 꿈인 선생님은 여자 직업으로써 괜찮아 보여서였다. 항상 입버릇처럼 "난 다음 생애에는 가수나, 배우, 예술가 등 꼭 꿈이 있는 사람으로 살았으면 좋겠어."라고 말했다. 어려워도 그 꿈을 향해 나가는 친구의 모습은 너무나 아름다웠다. 그런 에너지가 나는 참 탐이 났다. 꿈이 없는 사람들에게서는 그런 에너지를 절대 느낄 수 없다. 한참 K-POP 같은 오디션 프로그램이 유행이었다. 나도 즐겨보았는데 꿈을 향해

가는 그들의 모습은 정말 대단해 보였다. 보는 내가 더 떨면서 그 분들의 간절함을 느끼며 어디서든 꼭 훌륭한 가수가 되길 마음속으로 기도했다.

'반드시! 이 길이 아니면 나는 안 돼! 죽어도 나는 이걸 할 거야!' 정도까지는 아닐지라도 뭔가 하고 싶은 일이 있고 꿈이 있는 사람은 참 행복하다는 생각이 든다. 똑같은 일을 할지라도 꿈을 가지고 하는 사람과 돈 때문에 억지로 하는 사람은 정말 결과 면에서도, 또 행복함의 정도도 하늘과 땅 차이이다. 나는 이왕 같은 일을 할 거라면 내가 좋아하는 일을 하고 살았으면 좋겠다.

내 아이들이 세상의 잣대로 이런 직업이 좋다니까, 그 직업 가지면 돈도 잘 벌고 사회적 지위도 얻을 수 있으니까 공부해서 명문대 가야지가 아니라, 본인이 하고 싶은 일을 위해서 열심히 공부하며 그 꿈을 이루어 나가는 사람이 되었으면 하는 바람이다.

나는 아이들을 키우면서 아이들이 꿈을 가지고 살면 좋겠다고 생각했다. 나처럼 꿈 없이 공부하고 대학가고 먹고 살기위해 직장을 다녀야 하는 삶은 살지 않았으면 좋겠다고 생각했다. 학원가서 공부하는 시간에 책을 보며 간접경험을 하고 여행과 캠핑을 다니며 여기 저기 많이 다니면서 많은 것을 보고 느끼며 그 안에서 꿈을 찾았으면 좋겠다. 공부가 세상의 전부라고 생각하지 않길 바란다. 꿈을 가지고 인생을 즐기며 사는 행복한 아이로 컸으면 하는 것이 나의 간절한 바람이다.

아이들을 잘 키워보고 싶어 열심히 육아서를 읽었고, 그러다 나를 위한 책을 읽기 시작했다. 그렇게 나는 '나 자신'을 찾았다. 그저 두 아이의 엄마, 한 남자에게 사랑받는 아내로 행복하다고 생각했던 나에게도 꿈이란 것이 생겼다.

꿈이 생겼다는 것이 이렇게 가슴 벅차고 신나는 일인지 이제야 알았다. 다음 생애에서나 꿈을 가졌으면 좋겠다고 생각했던 나에게 꿈이라니! 어찌 보면 나는 꿈을 이미 이룬 것 같다. 다음 생에는 꼭 꿈이 있는 사람이 되고 싶다고 생각했던 내게 꿈이 생겼으니까! 나는 지금 너무 행복하다. 아직 유명한 작가가 된 것은 아니지만, 이렇게 책을 쓰고 있는 지금이 너무 좋다. 책이 나와서 팔리지 않을까봐 두려워도 하지 않는다. 책이 출간이 되어 또 한명의 학부모라도 이 책을 통해서 주입식교육에서 벗어나 아이 꿈을 지원해 주는 부모로 바뀐다면 그걸로 족하고, 한 명의 아이라도 학원에 치여 힘든 학창시절을 보내기보다는 자유롭게 행복한 아이로 클 수 있다면 그걸로 나는 만족한다.

유명한 작가, 베스트셀러가 되지 못한다고 해도 나는 실패라고 생각하지 않는다. 즐기면서 내 꿈을 향해 가다보면 그런 영광의 날이 올 수도 있을 것이다. 나는 지금 내 꿈을 향해 글을 쓰고 있다는 것만으로도 의미있는 일이 되어버렸다. 지금 현재는 이것만으로도 너무 행복하다. 꿈을 향해 가는 과정이 참 즐겁기 때문이다.

청춘도다리 윤효식 대표는 《꿈과 소통》에 관한 강연 중에 꿈에 대해 이렇게 말했다.

"꿈이 없어도 먹고 사는데 아무 지장 없습니다. 꿈이 없어도 잘 살 수 있지요. 그러나 저는 꿈이란 여행에 전지현 같은 예쁜 여자친구와 함께하는 것과 같다고 생각합니다."

정말 너무 적절한 표현이라고 생각했다. 꿈이 없이 사는 것도 물론 나쁘지 않다. 하지만 그 삶을 좀 더 설레고 신나게 만들어주는 것이 바로 꿈이 아닌가 생각해 본다. 인생이라는 여행을 해야 한다면, 이왕이면 혼자 여행하는 것보단, 예쁜여자 친구와 함께 여행하는 것이 더 즐겁고 행복한 일일 것이다. 나는 우리 아이들이 꼭 멋진 꿈으로 인생을 즐겁게 살았으면 하는 바람이다. 내가 먼저 꿈을 이루고 즐겁게 사는 모습을 보여준다면 우리 아이들도 엄마처럼 꿈을 가지고 즐겁게 살게 될거라 믿는다!

엄마인 내가 먼저 열심히 사는 모습, 꿈을 향해 가는 모습, 그 꿈을 이루며 행복한 모습을 보여주며 "너희들도 엄마처럼 꿈을 이루며 행복한 사람이 되렴~!" 이라고 말할 수 있는 엄마가 되고자 한다. 내 아이들을 위해서라도, 나는 내 꿈을 향해 더 열심히 달려갈 생각이다.

이 글을 읽고 있는 독자분들도 꼭 꿈을 가졌으면 좋겠다. 모든 아이들이 정해진 틀 안에서 크기 보다는 각자의 꿈을 가지고 인생을 살아갈 수 있는 행복한 아이들로 컸으면 좋겠다. 서로 경쟁하며 아이들이 힘들지 않았으면 좋겠다. 친구들끼리 서로 늘 경쟁해야 하는 우리 교육 현실이 바뀌었으면 하는 간절한 마음이다. 각자의 꿈을 우리 부모가 지지해주고 모든 아이들이 각자 다른 꿈을 향해 나아간다면 지금처럼 서로 치열하게 경쟁하며 살지 않아도 되지 않을까? 경쟁하지 않고 서로의 꿈을 응원하고 서로 돕는 세상에서 아이들이 행복하게 살았으면 좋겠다. ✴

선유도 다리에서

우리 아이들이 꼭 멋진 꿈으로 인생을 즐겁게 살았
으면 하는 바람이다. 내가 먼저 꿈을 이루고 즐겁게
사는 모습을 보여준다면, 우리 아이들도 엄마처럼
꿈을 가지고 즐겁게 살게 될거라 믿는다!

"우리 아이들의 꿈을 위하여"

아이들 모두 각자의 꿈을 이루어가고, 꿈을 꾸면,
너무나 당연하게 이룰 수 있는 사회 우리 어른들이 만들어줘야 하지 않을까?
아이들의 꿈을 적극 지원해 주어, 각자의 꿈을 이루어가게끔 지원해 주면
그래도 조금씩 세상은 변해가지 않을까?

'우분트' 라는 말이 있다.

나는 '우분트' 라는 말을 평소 봉사활동을 하며 나누는 모습이 참 인상적이었던 블로그 이웃분의 포스팅에서 처음 보았다.

어느 인류학자가 아프리카 아이들에게 게임을 하자고 제안했다. 그는 근처 나무에 아이들이 좋아하는 딸기 한 바구니를 매달아 놓고 먼저 도착한 아이가 그것을 다 먹을 수 있다고 말했다. 그리고 '출발' 이라고 외쳤다. 그런데 아이들은 아무도 뛰어가지 않았다. 아이들은 마치 약속이나 한 것처럼 서로의 손을 잡았다. 그리고 손에 손을 잡은 채 함께 달리기 시작했다. 아이들은 과일 바구니에 다다르자 모두 함께

둘러 앉아서 입안 가득 딸기를 베어 물고 서로 키득거리며 재미나게 나누어 먹었다.

이를 본 인류학자가 아이들에게 물었다.

"누구든지 가장 먼저 간 사람에게 딸기를 다 준다고 했는데 왜 손을 잡고 같이 달려갔니?"

"우분트!"

아이들은 모두 합창하듯 대답했다. 그리고 한 아이가 이렇게 덧붙였다.

"나머지 다른 아이들이 다 슬픈데, 어떻게 나만 기분 좋을 수가 있나요?"

'우분트'는 아프리카 반투족의 말로 '우리가 함께 있기에 내가 있다'라는 뜻이라고 한다. '내가 너를 위하면 너는 나 때문에 행복하고,

너 때문에 나는 두 배로 행복해 질 수 있다'

나는 '우분트'에 대한 뜻을 알고는 정말 눈물 나게 그 아프리카 아이들이 부러웠다. 너무나 마음 따뜻한 저 아이들처럼 우리 아이들도 경쟁보다는 서로를 위하고 함께 나누는 세상 속에 살면 참 좋겠다는 생각이 들었다. 나와 함께 하는 친구들보다 공부를 더 잘해야 내신을 잘 받고 좋은 대학을 가니 학교가 굉장히 삭막하다는 이야기를 들었다.

얼마 전에는 충격적인 중학생 아이들 이야기를 들었다. 요즘은 모둠 활동, 조를 짜서 하는 활동들이 많다고 한다. 서로 질문하고, 답하는 걸 연습하고, 그 모습을 보면서 선생님께서 점수를 주시는 활동시간이었다. 한 아이는 예상 질문을 하고 한 아이는 답을 하면서 함께 열심히 연습을 했는데, 질문을 하기로 한 아이가 테스트하는 당일 날 전혀 다른 질문을 했다고 한다. 연습한 내용이 아닌 다른 질문을 받으니 답을 못한 아이는 점수를 엉망으로 맞았다. 둘이 사이가 나빴던 것도 아닌 부모님끼리도 서로 친하게 지낸 오랜 친구였단다. 이 이야기가 바로 내 주변 아이들의 이야기라니... 나는 정말 이 이야기를 듣고 너무 놀랐다.

물론 그 아이가 다른 아이들에 비해 좀 더 심한 케이스의 아이였는지는 모르겠다. 이 일이 일반적인 일은 아니라고 믿고 싶다. 하지만 우리나라 교육 현실이 서로 함께가 아닌 경쟁을 해서 내가 친구보다 더 점수를 잘 받아야 더 좋은 학교를 갈수 있기에 생긴 현상임은 부정할 수 없다.

이런 경쟁 속에 사는 우리 아이들을 보다가 '우분트'를 외치는 아프리카 아이들을 생각하니 너무나 사무치게 부러웠다. 우리 아이들이 살아가야 할 세상은 함께보다는 어찌 보면 죽을 때까지 경쟁하며 힘겹게 살아야 하니까.

예전에 공교육의 주입식 교육이 싫어 대안학교를 생각했던 적이 있다. 경쟁사회인데, 경쟁 없는 곳에서 아이들을 키운다고 하더라도 나중에 사회에 나와서 어차피 경쟁하며 살아야 하는데, 사회에 나와서 적응 못하면 어쩌지? 하는 걱정이 들었다. 대안 학교에 전화를 걸어 상담을 받으며 그 부분이 걱정이라고 말씀드리니 교장 선생님께서는

"어머니, 꼭 아이들이 경쟁하며 살아야 하나요? 그냥, 경쟁 안하고 그 안에서 행복을 느끼며 사는 아이로 키우면 안 되나요?" 라고 물으셨다. 나는 교장선생님의 말씀에 대답을 못하고 전화를 끊었다.

예전에 어떤 엘리트 부부가 TV 방송에 나왔다. 명문대를 나와 대기업에 다니고 굉장히 사회적으로 성공한 사람들이었는데, 다 접고 산속에 아무도 없는 곳에 터를 잡고 살고 있었다. 경쟁이 싫어 산속에 들어가 사는데 너무 행복하다고 했다. 주변 사람들이 아깝게 그렇게 좋은 직장을 그만두고 산속에 들어가서 사냐고 미쳤다고 말렸다고 한다. 가족들은 더 반대가 심했을 것이다. 하지만 그들은 도시생활이 너무 힘겨웠다고 한다. 가끔 좋아하는 지인들이 놀러오면 함께 하면서 조용히 사는 것이 너무 행복하다고 했다. 그 부부의 이야기를 들었을때 나는 너무 충격이었다. 명문대를 가려고 정말 열심히 했을 텐데... 너무 아깝다는 생각이 들었다. 하지만 그들은 전혀 아까워하지 않았다. 너무 행복해 보이는 그들 모습을 보며 행복에 대해 다시 한번 생각해 보는 계기가 되었다.

우리나라에 사는 한은 경쟁에서 전혀 자유로워질 수는 없다. 위 부부처럼 산속에서 세상과 담을 쌓고 살지 않는 한 어딜 가든 경쟁하며 살아야한다. 하지만 나는 내 입으로 아이들에게 경쟁 속에서 이겨내라고 강요하고 싶지는 않다. 다른 친구를 속여 점수를 받아낸 그런 아이처럼 영악하게 경쟁에서 이기라고 하고 싶지도 않다.

경쟁에서 지더라도 함께하는 법을 아는 아이로 컸으면 하는 바람이다. 세상이 점점 더 흉악해지고 더욱 삭막해지고 있지만 그래도 아직은 함께하는 세상을 추구하는 사람들도 많다. 이런 사람들의 힘이 강해지고 그런 영향이 커지면, 분명 우리나라도 아프리카 아이들처럼 서로가 행복한 세상이 만들어지지 않을까 기대해 본다. 당장은 힘들지도 모르겠다. 하지만 부모가 변하고 그 아이들이 변하면 우리 아이들이 사는 세상도 분명 달라져 있지 않을까?

그렇게 변하기 위해선 명문대가 최고 대기업, 의사, 변호사 등 전문직이 최고라는 인식이 변해야 한다. 낙타가 바늘 귀 들어가기 보다 어렵다는 그 입시 경쟁에서 아이들을 너무 혹사시켜선 안 된다고 생각한다.

아이들 모두 각자의 꿈을 이루어가고 꿈을 꾸면 너무나 당연하게 이룰 수 있는 사회, 그런 세상을 우리 어른들이 만들어줘야 하지 않을까? 핀란드처럼 아이들이 즐겁게 놀며, 공부하며 각자의 꿈을 키워나갈 수 있는 나라가 되길 간절히 기도한다. 우리 부모들이, 아이들의 꿈을 적극 지원해 주고, 아이들이 각자의 꿈을 이루어가게끔 도와준다면 그래도 조금씩 세상은 바뀌어가지 않을까?

2017년 새봄에

저자 **성지혜**

선유도 공원에서

"꿈을 위한 이 한권의 책"

아이들을 잘 키워보고 싶어 열심히 육아서를 읽었
고 그러다 나를 위한 책을 읽기 시작했다. 그렇게
나는 '나 자신'을 찾았다. 그저 두 아이의 엄마, 한
남자에게 사랑받는 아내로 행복하다고 생각했던
나에게도 꿈이란 것이 생겼다.